Hummer, Krabben, Shrimps & Co.

ND Gourmet Bibliothek

Veronika Müller

Hummer, Krabben, Shrimps & Co.

ETB
ECON Taschenbuch Verlag

Autor und Verlag danken der ZEFA, Düsseldorf, 1 Mayer, 3 Fischer, 4 Lacz
für die freundliche Unterstützung bei der Bildbeschaffung.

CIP-Titelaufnahme der Deutschen Bibliothek

Müller, Veronika:
Hummer, Krabben, Shrimps & Co. / Veronika Müller.
Orig.- Ausg. – Düsseldorf: ECON Taschenbuch Verlag, 1988
(ETB 24007; ECON Gourmet Bibliothek)
ISBN 3-612-24007-2

Originalausgabe

© ECON Taschenbuch Verlag GmbH, Düsseldorf
Oktober 1988
Umschlaggestaltung: Ludwig Kaiser
Titelfoto: Johannes Sußbauer c/o Studio Ludwig Kaiser
Rückseitenfoto: Axel Ruske
Zeichnungen: Karola Niehoff
Lektorat: Dr. Peter Lempert
Die Ratschläge in diesem Buch sind von Autor und Verlag
sorgfältig erwogen und geprüft; dennoch kann eine Garantie
nicht übernommen werden. Eine Haftung des Autors bzw. des
Verlags und seiner Beauftragten für Personen-, Sach- und
Vermögensschäden ist ausgeschlossen.
Satz: Dörlemann-Satz, Lemförde
Druck und Bindearbeiten: Ebner Ulm
Printed in Germany
ISBN 3-612-24007-2

Inhalt

Hans-Peter Wodarz über Hummer, Krabben, Shrimps & Co.   9

Krebs bzw. Krustentiere – mal Delikatesse, mal Dienstbotenspeise   11

Bei Ägyptern und Griechen wenig geschätzt   11
Rom – erste Hochburg für die edlen Krustentiere   13
Mittelalter – Krustentiere als Fastenmahlzeit und Armeleute-Essen   15
Wieder steigende Nachfrage seit der Renaissance   16
Schwerer Rückschlag seit Mitte des 19. Jahrhunderts: Krebspest   18

Crustacea – 35 000 Arten unter einem Begriff   20

Feinschmeckers Wahl: Zehnfußkrebse   20
Was Hummer und Taschenkrebs verbindet   21

*Garnelenartige Langschwanzkrebse und Panzer-
oder Ritterkrebse* 24
Verwirrende Namensvielfalt 27
Nahrung und Nährwert der Krustentiere 29

Die sechs Krustentier-Gruppen 33

Garnelen 34
Langusten 35
Hummer 36
Kaisergranat 36
Krebse 36
Krabben 37
Alles auf einen Blick 38

Hummer und Langusten – Lieblingskinder
der Gourmets 42

Die Hummerlegende 43
*Hummer satt – aber nicht mehr aus heimischen
Gewässern* 44
*England – Lieferant Nr. 1 für Europäischen
Hummer* 45
*Kanada – Hummernation Nr. 1 und Vorreiter der
Hummerzucht* 46
Hummer: Vom Fischer/Händler zum Kunden 47
Der Lebenslauf des Hummers 49
Hummertips für Feinschmecker 53
Languste – mehr als ein Hummer ohne Scheren 55

*Die Langustenarten und die wichtigsten Langusten-
Exportländer* 56
Langusten: Vom Fang bis zum Versand 58

Kaisergranat – der feine Minihummer 61

Steckbrief des Kaisergranats 61
»Doppelgänger« Fangschreckenkrebs 63
Tips für Scampi-Freunde 63

Die deutsche Krabbe – eine Garnele 66

Nordseegarnele und Amerikanische Sandgarnele 66
Krabbenfang – wichtiger Faktor für Küstenfischerei 68
    Grundkurs im Krabbenpulen 69
*Die Niederlande – Hauptabnehmer der
deutschen Krabbe* 71
Lebensraum und Fangmethoden 72

Der Flußkrebs 75

Die wichtigsten Flußkrebsarten 76
Steckbrief des Flußkrebses 77
Flußkrebse in deutschen Gewässern 78
    Der Edelkrebs 79
    Amerikanischer Flußkrebs oder Kamberkrebs 80
    Der Signalkrebs 81
    Der Galizierkrebs 81
    Exkurs: Die Wollhandkrabbe 83

Krustentiere außereuropäischer Länder   85

Langostinos und Chilekrabben   85
Königskrabbe   86
Schneekrabbe oder Nordische Eismeerkrabbe   88
Taschenkrebs   89

Das Goutieren von Krustentieren – gewußt wie   92

Das richtige Besteck   92
Das richtige Gedeck   94
Das Servieren der Krustentiere   95
Zubereitung und Beigaben   95
Das richtige Essen von Hummern & Co.   99
Flußkrebse für Schlemmer   100
Krustentiere – und was man dazu trinkt   103

Glossar   105

HANS-PETER WODARZ
über
Hummer, Krabben, Shrimps & Co.

»Pünktlichkeit ist die unerläßlichste Eigenschaft eines Kochs« – bei keinem anderen Gericht ist diese eherne und gleichzeitig goldene Regel Brillat-Savarins so unbedingt wörtlich zu nehmen wie beim Hummer. Ihn zuzubereiten ist simpel und erfordert doch große Präzision: Ein wenig zu lange pochiert und schon reichte der große Champagnerkeller meiner »Ente vom Lehel« nicht aus, um die fade Trockenheit des nun gar nicht mehr leckeren Fleisches auszugleichen – ein wenig zu kurz und die Gäste fühlen sich unwohl. Ein Alptraum für jeden Koch.

Hummer ist Vertrauenssache. Wohl deshalb steht in älteren Gastronomieführern, man möge ihn nur in Spezialitätenrestaurants bestellen. Nun, in den Restaurants der »Neuen Deutschen Küche« braucht man nichts zu fürchten. Ihre Chefs sind mit Hummer, Langusten, Krebsen, Scampis, Prawns, Shrimps und Granat wohl vertraut.

Aber ich erinnere mich an meine Lehrzeit, lange bevor ich meine erste »Ente« im Münchner Stadtteil Lehel eröffnete. In Salcombe/Cornwall war es, einer der schönsten Stationen meiner Wanderjahre, im »Beach Hotel«. Wir waren berühmt für unsere Hummer. Sie lebten in einem Becken *mitten im Restaurant und trugen Nummern. Die Gäste suchten sich ein spezielles Tier aus, ein Koch fischte es mit einem Käscher heraus und trug es feierlich in die Küche. Dort wurde es flugs in ein neues Bassin gesetzt. Die Gäste bekamen tiefgefrorenen kanadischen Hummer, keiner hat sich je beschwert ... Nach der Arbeit bezogen unsere Hummer wieder ihr angestammtes Schaubecken, wo sie vermutlich steinalt wurden.*

Alle Krustentiere, von der Languste bis zur Nordseekrabbe, sind in komplizierten Gerichten ein Hochgenuß und eine Zierde der Tafel. Ja, die Köche schwelgen in immer neuen, phantasievollen Kreationen, und jede Mühe dabei lohnt. Aber man kann diese köstlichen Geschenke der Küstengewässer auch ganz einfach frisch gekocht und gepult oder direkt vom Grill genießen – vorausgesetzt, sie wurden nicht zu kurz oder zu lang gegart.

Für mich ist eine Languste à la nage – ganz »nature« in einer »court bouillon« samt Gemüsejulienne – mit einem weißen Beaune »Clos des Mouches« ein Festessen. Davon kann ich nie genug bekommen. Aber man kann zu Krustentieren auch Champagner trinken, Muscadet, Chablis, Pouilly Fumé, Pouilly Fuissé, trockene Auslesen aus dem Rheingau und von der Mosel. Zum Hummer mit seinem leicht süßlichen Aroma paßt auch ein Sauternes ganz formidabel.

Wie sagte Brillat-Savarin: »Indem der Schöpfer dem Menschen die Verpflichtung auferlegt, zu essen, um zu leben, ladet er ihn durch den Appetit ein und belohnt ihn durch den Genuß.« Ein Hummer ist eine hohe Belohnung.

Krebs bzw. Krustentiere – mal Delikatesse, mal Dienstbotenspeise

Man kann noch so tief in der Geschichte graben: Wann genau der Mensch auf den Krebs gekommen ist, läßt sich nicht mehr nachvollziehen. Man kann jedoch davon ausgehen, daß der Mensch – kaum hatte er sich vor rund 50 Millionen Jahren vom Vier- zum Zweifüßler entwickelt – sich hin und wieder mal ein Krebschen griff, um seine etwas angespannte Ernährungslage zu verbessern. Ob mit viel Erfolg und rechtem Genuß, dürfte zumindest zweifelhaft sein. Denn auch ein kleiner Krebs kann ganz ordentlich zwicken, und Kämpfernaturen sind die gut Gepanzerten allemal. Nur wenn er panzer- und damit schutzlos war und der hungrige Steinzeitmensch ihn in seinem Versteck aufstöberte, konnte sein Schicksal wohl besiegelt gewesen sein.

Bei Ägyptern und Griechen wenig geschätzt

Die Geschicklichkeit des Menschen nahm zu, er schuf sich Waffen und andere nützliche Geräte, mit denen die Nahrung leichter als mit den bloßen Händen zu erbeuten war.

Und er entdeckte, wie man das Feuer am Leben hielt. Diese Erkenntnis von ungeheurer Tragweite bescherte ihm eine Nahrung, die bekömmlicher war und die auch besser schmeckte.

Eine der ältesten Hochkulturen der westlichen Hemisphäre, die auch eine Eßkultur entwickelte, war Ägypten. Und es ist anzunehmen, daß man sich seinerzeit auch an Krebsen delektierte, denn Meerestiere waren eine beliebte Beikost zu dem reichen Brot- und Gemüseangebot, das zur Verfügung stand.

Fischen war eine Lieblingsbeschäftigung der reichen Ägypter, der sie jedoch vorzugsweise mit Pfeil und Bogen und dem Speer huldigten. Nur das niedere Volk und die Sklaven nahmen ein Netz zu Hilfe, was für den Krebsfang sicherlich nützlicher war als die kriegerischen Waffen der High-Society. Leider sind aus dem Land der Pharaonen keinerlei Rezepte zu uns gekommen, man darf aber annehmen, daß Krebse ebenso gesotten oder gebraten wurden, wie die übrigen Meeresbewohner.

Auch von den Griechen ist uns nicht überliefert, ob und wie sie Krebse zubereiteten. Sicher ist aber, daß die Bewohner der Küstenstriche und der ärmeren Binnenländer nicht auf das verzichten wollten und konnten, was Meer und Flüsse ihnen lieferten. Wenn jedoch Homer Meeresfrüchte verächtlich als »Speisen des Elends« abqualifizierte, mag er vielen seiner Landsleuten aus der Seele gesprochen haben. Spanferkel, ein schönes Stück vom Attischen Rind oder eine deftige Wildente waren ihnen lieber.

Aber in den Zeiten, als in Griechenland die Symposien, die großen Gastmähler, so in Mode gekommen waren, daß ihre Gästezahl per Gesetz auf 30 Personen begrenzt werden mußte, gab es schon Kochbücher und Spezialisten für ganz bestimmte Gerichte. Aegist von Rhodos war beispielsweise als ein Fachmann für gerösteten Fisch bekannt. Wir dürfen annehmen, daß er dem Zeitgeschmack huldigte und kräftig nach Gewürzen griff, so daß seine möglichen Zubereitungsarten für Krustentiere uns heute wohl etwas suspekt erscheinen würden. Korinader, Dill, scharfer Essig oder auch Zwiebeln waren sehr beliebt, nicht selten in Kombination mit Feigensaft ...

Rom – erste Hochburg für die edlen Krustentiere

Die Römer bezeugen uns ihre Vorliebe für Krustentiere schon klarer. So zeigt das berühmte Fischmosaik aus dem »Haus des Fauns« einen wunderbaren, wenn auch nicht ganz vollständigen Hummer. Im Archäologischen Museum in Rom kann man ein anderes Mosaik bewundern, das einst den Speisesaal eines reichen Römers zierte und all die Mahlzeitenreste zeigt, die nach einem in eben jenem Raum gefeierten Gelage zurückzubleiben pflegten. Demnach waren seinerzeit auch Krebse bereits fester Menübestandteil.

Der reiche Römer bevorzugte Krustentiere als Vorspeise, allerdings in Mengen, die uns heute um unsere Gesundheit bangen ließen. Aber es ist ja hinreichend bekannt, daß Rom manchen Parvenü hervorbrachte, der sein Vermögen aus schierer Geltungssucht buchstäblich verfraß oder verfressen ließ.

Aber auch die wirklichen Gourmets waren dazu bereit, riesige Vermögen den Tafelfreuden zu opfern. Man denke nur an Marcus Caelius Apicius, einen Zeitgenossen des

Kaisers Tiberius (42 v. Chr. – 37 n. Chr.), den man für den größten Feinschmecker aber auch Prasser seiner Zeit hielt. Angeblich hat er nach Jahren der Völlerei und nachdem ihn die Gläubiger arg bedrängten, endlich einmal Kassensturz gemacht. Das Resultat war für ihn niederschmetternd: »Nur« noch 10 Millionen Sesterzen blieben dem »armen« Mann. Zum Vergleich: Ein römischer Legionär bekam nach einer Dienstzeit von 20 bis 25 Jahren eine einmalige Abfindung von 12 000 Sesterzen, was etwa 13 Jahresgehältern entsprach! Marcus Caelius Apicius konnte das nicht trösten. Um nicht Hungers sterben zu müssen, machte er seinem Leben lieber mit Gift ein vorzeitiges Ende!

Aber zuvor hatte er sich noch als »Lehrer der Kochkunst« (Seneca) verdient gemacht: Ihm wird das älteste erhaltene Kochbuch zugeschrieben (»De re coquinaria«). Das Werk umfaßt zehn Bände, von denen »Thalassa«, das neunte Buch, ausschließlich den Meerestieren gewidmet ist. Unserem Geschmack dürften die Zubereitungsvorschläge kaum entsprechen. In Rom liebte man pikante Saucen und deftige Gewürze. So empfiehlt Apicius, Langusten mit einer Kümmelsauce zu servieren oder ihre Schwänze zu Frikadellen zu verarbeiten. Die Sauce enthielt neben dem Kümmel Pfeffer, Minze, Liebstöckel, Petersilie, Honig, Essig und eine Art Fischlake, die sich im alten Rom ganz besonders großer Beliebtheit erfreute. Es steht zu vermuten, daß auch der Hummer unter ähnlichen Begleitumständen auf die Tafel wanderte. Aus Krebsen hingegen wurden Kroketten bereitet. Wobei man das Fleisch fein hackte und mit verschiedenen Kräutern und Gewürzen sowie, zum Binden, mit Brotteig vermengte. Eine Methode, die sich offensichtlich lange hielt oder später wieder neu entdeckt wurde, denn ein ähnliches Rezept, wenn auch »verfeinert«, kannte man noch im 18. Jahrhundert als Fastenspeise in deutschen Klöstern.

Mit dem Wachsen des Römischen Reiches delektierten sich die Feinschmecker zusätzlich an den Köstlichkeiten, die aus den eroberten Gebieten an den Tiber gelangten. Frankreich zum Beispiel lieferte die von den Römern so heiß geliebten Langusten. Berühmt war der Markt von Bayonne an der Bucht der Biskaya. In schützendem Tang verpackt wurden die Tiere auf die Reise geschickt, nicht selten in Eiltransporten, was die Leckerbissen nicht gerade billiger machte. Aber noch brauchte man ja nicht auf die Sesterze zu sehen: »Rom stirbt und lacht«, erhoben sich warnende Stimmen. Rom überhörte sie und lachte weiter ...

Mittelalter – Krustentiere als Fastenmahlzeit und Armeleute-Essen

Auch der Klerus in Rom und in den unter römischer Herrschaft stehenden Ländern und Provinzen lachte, etwas verhaltener zwar und auch nur in den »oberen Rängen«. Hatte man doch endlich einen Weg gefunden, die eigenen strengen Regeln etwas zu lockern. Daß man während der Fastenzeit Gänse kurzerhand für Fische erklärte, mag eine Anekdote aus kirchenfeindlicher Zeit sein. Aber man förderte doch die Fischzucht, denn selbst in strengen Orden war der Genuß von kaltblütigen Tieren zu Fastenzeiten erlaubt.

Und damit betrat der Flußkrebs die kulinarische Bühne Europas, in erster Linie in Deutschland. Noch waren Seen,

Gebirgsflüsse und Bäche klar und rein – ideales Tummelfeld für Edelkrebse. Der Adel hatte sich weitgehend die Fischereirechte angeeignet und schätzte die kleinen oder manchmal sogar recht mächtigen Zehnfüßler als Zwischen- oder Beigericht. Mal wurden sie in Wein, mal in mit Essig gesäuertem Wasser gesotten. Für den gehobenen Bedarf kochte man aus Wein, Essig, frischen Barschen und den zerstoßenen Panzern der zuvor in Wein »abgekochten« Krebse eine Grundbrühe, in der dann lediglich das Scheren- und Schwanzfleisch seine kulinarische Vollendung erfuhr. Eine Technik, die sich für einige Schalen- und Krustentiere auch in Japan entwickelt und sich bis heute dort erhalten hat bzw. sogar verfeinert wurde.

Kaum aufgegangen, sank der Stern schon wieder. Zu ideal waren die Lebensbedingungen; die Krebse vermehrten sich rasant! Wie alles, was im Übermaß vorhanden ist, verloren sie rapide an Wert. Außerhalb der Fastenzeiten ließen Klerus und Adel sie links liegen; sie degenerierten zum Armeleute-Essen! Sie sanken so tief, daß es verboten wurde, sie dem Personal mehr als einmal die Woche vorzusetzen.

Wieder steigende Nachfrage seit der Renaissance

In der Renaissance ging es mit der Wertschätzung der Krustentiere wieder bergauf, wenn auch nur zur Fastenzeit. Marcus oder Marxen Rumpolt, »Churfürstlich Meintzischer Mundtkoch«, beschreibt in seinem 1587 in Frankfurt am Main gedruckten Werk »Ein new Kochbuch« 23 Krebsgerichte, mit denen er seinen Dienstherrn und dessen hoch-

Abbildung:
Der Hummer – König der Krustentiere

wohlgeborene Gäste so verwöhnt hatte, daß sie sich der eigentlichen Bedeutung von Fastenspeisen wohl kaum noch bewußt sein konnten.

Auch wenn sich einige Zeitgenossen über die Genußsucht mancher Orden nicht genug lustig machen konnten und das arme Volk darüber verbittert war, darf man nicht vergessen, daß Brüder und Schwestern als Küchenmeister sich um die Exkultur sehr verdient gemacht haben. In den Klöstern wurden sorgfältig die Rezepte notiert und kopiert, hier machte man sich Gedanken über Bekömmlichkeit und Wirkungsweisen einzelner Nahrungsmittel, und hier wurde manches feine Gericht entwickelt. Man füllte Pasteten oder Tarten mit Krebsen, bereitete feine »Knöpflin« aus gehacktem Krebsfleisch und anderen Zutaten, briet sie in Schmalz oder gab sie als Einlage in feine Fastensuppen, und man servierte Krebsschwänze in Sahnesaucen. Was die Füllungen betrifft, so mag uns eine Kombination mit Apfel- oder Birnenschnitzen, mit getrockneten Weinbeeren (Rosinen?) oder Feigen etwas merkwürdig anmuten, dem Klerus aber haben sie offensichtlich geschmeckt.

Der Flußkrebs kam in den folgenden Jahrhunderten auch außerhalb der Klostermauern wieder zu Ehren. Wer ihn sich leisten konnte, Adel und Besitzbürgertum, aß ihn in Mengen. Flüsse, Seen und Bäche waren noch so blitzsauber, daß der begehrte Edelkrebs sich allenthalben munter fortpflanzte. Havel, Oder und die Masurischen Seen waren so voll von den delikaten Krabblern, die Herrschaft schlemmte sie so gern, daß es wieder eine Art Streik des Dienstpersonals, der ostpreußischen Dienstboten, gab: Zweimal in der Woche Krebse auf der herrschaftlichen Tafel sind genug, lautete die Parole. Denn wenn auch das

Kochen von Krebsen keine kochkünstlerischen Leistungen erforderte – im 17. Jahrhundert aß man Krebse beispielsweise roh mit Salz, Pfeffer, Öl und Essig –, die dafür notwendige Vorbereitung war kein Vergnügen.

Da die Nachfrage nach den edlen Tierchen in den aufstrebenden größeren Städten immer weiter stieg, begann ein schwungvoller Handel, von dem mancher Kleinstaat profitierte, indem er saftige Zölle – nicht selten in Form einer Krebsabgabepflicht – erhob. Für den Feinschmecker war das Eßvergnügen zwar hoch, aber nicht unbedingt preiswert. Das 1894 in Wien erschienene »Appetit-Lexikon« vermeldete, in Österreichs Metropole seien 1890 etwa 907 000 Stück Krebstiere »consumirt« worden. Da war es allerdings mit der Herrlichkeit schon fast ganz vorbei. Doch gerade zu dieser Zeit frönte man dem bedenkenlosen Genuß mit so delikaten Zubereitungen wie Krebse in Wein gesotten, mit einer Trüffelsauce serviert, Krebse à la Bordelaise (in einer mit Butter aufgeschlagenen Weinsauce serviert) oder auch Krebspudding.

Schwerer Rückschlag seit Mitte des 19. Jahrhunderts: Krebspest

Ein seltsames Massensterben raffte nach und nach die gesamten europäischen Krebsbestände dahin. Die ersten Anzeichen gab es bereits 1860 in der Lombardei. Von dort dehnte sich die Seuche im Laufe von 47 Jahren über den gesamten Kontinent aus. Selbst der berühmte Krebskönig, H. Micha aus Berlin, der ganz Deutschland mit Zuchtware aus eigens angelegten »Krebsgärten« versorgte, stand eines

Tages vor den Trümmern seines Imperiums: Die Krebspest hatte auch seine Bestände vernichtet! Ein Feinschmeckertraum war vorerst ausgeträumt.

Bei dem Krankheitserreger handelte es sich um einen Fadenpilz, *aphanomyces astaci* genannt, der jeden Krebs über kurz oder lang unweigerlich dahinrafft, der für den Menschen allerdings nicht weiter schädlich ist. Bis heute ist es trotz vielfältiger Anstrengungen in der Krebszucht und bei der Bekämpfung des Erregers nicht gelungen, hierzulande die Folgen dieser katastrophalen Krebspest zu überwinden. Zumal inzwischen die zunehmende Gewässerverschmutzung oder auch ein zu starker Fischbesatz ein übriges tun, die Wiederherstellung der geradezu paradiesischen Flußkrebsverhältnisse in Deutschland zu verhindern.

> *Während Ägypter und Griechen den Krustentieren nicht viel Interesse entgegenbrachten, waren sie im alten Rom hochgeschätzte Tafelfreuden. Dann folgte der Niedergang zur Fastenspeise und zum Armeleute-Essen. Und wechselvoll blieb die Kulturgeschichte der Krebse. Nach erneut steigender Beliebtheit gings wieder bergab. Doch als die Dekapoden endlich wieder den ihnen gebührenden Platz auf den Tafeln der Feinschmecker eingenommen hatten, machte die Krebspest dem Traum ein Ende.*

Crustacea – 35 000 Arten unter einem Begriff

Krebs- bzw. Krustentiere, wissenschaftlich *Crustacea* genannt, gehören zu den erfolgreichsten Überlebenskünstlern unserer Erde. Vor etwa 500 Millionen Jahren begann ihre Geschichte, fleißig und fruchtbar vermehrten sie sich, erlitten tragische Verluste, rappelten sich wieder auf und sind heute mit etwa 35 000 Arten vertreten – viermal mehr als die gesamte Vogelwelt unserer Tage.

Feinschmeckers Wahl: Zehnfußkrebse

Für den Zoologen sind die Krebse *Zweiantennen-Tiere (Diantennata)*, ein Unterstamm der Gliederfüßler, jener mehr als Dreiviertel aller Tierarten umfassenden Stammgruppe, der für den Laien so wenig attraktive Mitglieder wie Tausendfüßler, Spinnen, Würmer und Insekten angehören. Um die Sache ein wenig zu vereinfachen: Zweiantennen-Tiere werden nur in eine einzige Klasse »unterteilt«, in die Crustacea!

Den Zoologen interessieren natürlich alle 35 000 Arten, der Gourmet beschränkt sich auf diejenigen, die seinen

Gaumen erfreuen. Und das ist ein verschwindend kleiner Teil! Der Zoologe unterscheidet zwischen »niederen« und »höheren« Krebsen, der Gourmet kennt – meist ohne es zu wissen – nur »höhere« Krebse, und bei diesen sind es ausschließlich die *Zehnfußkrebse (Decapoden)*, die sein Herz höherschlagen lassen. Auf die wenigen kulinarischen und zoologischen Ausnahmen von dieser Regel wird an anderer Stelle noch eingegangen.

Zehnfußkrebse sind ganz offensichtlich Geheimniskrämer: Die Anzahl ihrer Sippen liegt im Dunkel von Meeren, Seen und Flüssen verborgen. Es mögen zwischen 8500 und 10 000 sein. Was aber verbindet diese riesige Verwandtschaft? Die äußerliche Ähnlichkeit kann es nicht sein, wie schon der schlichte Vergleich zwischen Hummer, Languste, Taschenkrebs und der unscheinbaren Nordseegarnele beweist.

Was Hummer und Taschenkrebs verbindet

Wichtigstes Indiz oder – wissenschaftlich korrekt – ordnungsspezifisches Merkmal aller Decapoden sind die fünf Beinpaare mit zehn Füßen am Vorderkörper. Wenn auch damit der »Populärname« Zehnfußkrebse erklärt ist, kann der wissensdurstige Gourmet beim Zählen Probleme haben: Oft ist das erste Beinpaar so stark verbildet, daß es als »Gehwerkzeug« unbrauchbar ist, weil es sich im Laufe einer vieltausendjährigen Evolution in eine große, für Feinde nicht ungefährliche Schere umgewandelt hat, wie etwa beim Hummer. Tatsächlich aber haben alle Decapoden an den ersten drei Beinpaaren Scheren, nur sind sie nicht so stark ausgeprägt. Vor den fünf Beinpaaren der »Schreitfüße« liegen zudem drei Paare von Kieferfüßen, von denen alle mit Tastern, das zweite und dritte Paar mit Kiemen ausgestattet sind.

Alle Krustentiere atmen durch Kiemen, und sie halten sich, von wenigen Ausnahmen abgesehen, im Wasser auf. Typisch ist die Aufteilung des Körpers in Kopf mit Antenne und Kiefernsegmenten, Brust (Thorax) und Hinterleib (Abdomen). Für den Feinschmecker sind außer dem Fleisch des Hinterleibs noch das Muskelfleisch aus einigen Extremitäten von Bedeutung.

Vor den Unbilden ihrer Lebensräume und den Nachstellungen ihrer natürlichen Feinde sind alle Krustentiere durch ein Außenskelett geschützt, das aus Chitin und Eiweiß mit Einlagerungen von Kalk und organischen Hartsubstanzen besteht. Bei einigen Arten ist dieser Panzer weich und biegsam, bei anderen extrem hart. Mitwachsen kann weder der eine noch der andere, darum ist das Wachstum bei allen Krebsen nur durch wiederholtes Abwerfen des Panzers möglich. Bevor das Außenskelett, unter dem Einfluß eines bestimmten Hormons, abgeworfen wird, hat sich darunter schon eine neue Haut gebildet. Nur leider ist sie viel zu groß und auch noch »butterweich«. In sie muß das arme Krebstier erst hineinwachsen, ehe sich im Laufe von maximal drei Wochen ein neuer, größerer Panzer entwickelt. In dieser Zeit steht er seiner feindlichen Umwelt recht wehr- und hilflos gegenüber. Ein Manko, das er auszugleichen versucht, indem er sich unter Steinen, in Bodennischen oder unter leeren Muschelschalen verbirgt. Nicht immer sehr erfolgreich. Denn gerade in dieser Phase ist ihm neben seinen, auch aus den eigenen Reihen stammenden, natürlichen Feinden in einigen Gegenden auch der Mensch hart auf den Fersen, gelten doch vor allem an der Ostküste der USA die *Softshell Crabs* ihres zarten Aromas wegen als ausgesprochene Leckerbissen.

Der Panzer bzw. die Schalen enthalten ein Chromoproteid – eine Verbindung zwischen Eiweiß und Farbstoff –, in dem, je nach Art der Tiere unterschiedliche dunkle Farbkomponenten und ein Carotinoid, der rote Farbstoff Astaxanthin, gebunden sind. So beantwortet sich die Frage, warum lebende Krebstiere mal grünbräunlich, mal schwarzblau, mal braunrot oder »schmutzig« braunrosa aussehen, während sie sich in gekochtem Zustand ausnahmslos in appetitlich leuchtend roter oder rosa Färbung präsentieren: Hier ist Chemie im Spiel – auf ganz natürliche Weise! Durch Wasser und Hitze trennen sich die nicht hitzebeständigen dunklen Farbstoffe vom Eiweiß und zerfallen, während das hitzeresistente Astaxanthin erhalten bleibt und den Krebsen die rote Farbe verleiht, die für sie so typisch ist.

Nicht allein Panzer, Schalen oder Tarnung setzen die Krebse zu ihrem Schutz ein, sie sind außerdem mit hervorragenden Sinnesorganen ausgestattet: Ihre Komplexaugen ermöglichen ihnen die absolute Rundumsicht, einige Arten können ihnen gefährlich erscheinende Bewegungen bis auf gut 15 Meter Entfernung ausmachen. Auf ihren Tastsinn verlassen sich vor allem die in tiefen Gewässern oder Höhlen lebenden Krebse. Einige Arten reagieren extrem sensibel auf Erschütterungen allergeringsten Ausmaßes. Für die Nahrungssuche oder die Wanderung von und zu bestimmten Laichplätzen haben viele Arten einen außerordentlichen Orientierungssinn entwickelt, der sich nach

Sonne, Mond, Strömungen, Temperaturunterschieden u. ä. richtet.

Garnelenartige Langschwanzkrebse und Panzer- oder Ritterkrebse

Decapoden werden in zwei Unterordnungen eingeteilt:
▷ garnelenartige Langschwanzkrebse
▷ Panzer- oder Ritterkrebse.

Die garnelenartigen Langschwanzkrebse sind mit etwa 2000 Arten sowohl in der Tiefsee wie auch im Süßwasser anzutreffen. In der Mehrzahl sind sie jedoch Meeresbewohner. Dem Gourmet sind sie in erster Linie als *Garnelen, Shrimps* oder *Prawns* bekannt. Garnelen, die an unseren heimischen Nord- und Ostseeküsten ins Netz gehen, bezeichnet der Ostfriese als *Granat,* während Hamburger und Schleswig-Holsteiner von *Krabben* sprechen.

Wissenschaftlich werden alle Garnelen *Natantia* (Schwimmende) genannt. Was sie aber nicht daran hindert, sich vorzugsweise am Boden aufzuhalten, wo sie gravitätisch auf ihren fünf Gehbeinpaaren einherstelzen und sich bei Gefahr sogar ganz in den weichen Boden einbuddeln. Dann legen einige Arten das erste oder das zweite der beiden Antennenpaare, mit denen alle *Diantennata* ausgestattet sind, so aneinander, daß sie ein Rohr für das Atemwasser bilden.

Alle Garnelen haben einen schlanken, seitlich abgeflachten und sich zum Schwanzfächer hin verjüngenden Körper. Für den Gourmet ist lediglich das Schwanzstück interessant, das ohne den Schwanzfächer meist mindestens so lang wie der übrige Körper, manchmal sogar etwas länger ist. Nur hier liegt unter sich dachziegelartig überlappenden Ringschuppen das schmackhafte Fleisch, das uns so gut mundet.

Charakteristisch sind neben den beiden Antennen- und den fünf Gehbeinpaaren die verkümmerten, beinähnlichen Glieder des Schwanzstücks. Zum Gehen sind sie absolut unbrauchbar, zum Schwimmen überaus nützlich.

Die *Panzer-* oder *Ritterkrebse*, wissenschaftliche Bezeichnung *Reptantia* (Kriechende), unterscheiden sich von den Natantia durch ihren weitaus kräftigeren, manchmal fast »steinharten« Panzer, durch den an Rücken- und Bauchseite abgeflachten Körper und das häufig als Schere ausgebildete erste Laufbeinpaar. Auch dienen die verkümmerten Hinterleibbeine nicht mehr zum Schwimmen. Hier heftet das Weibchen seine Eier an, während die Garnelen ihre Eier unter dem Schwanzstück verbergen.

Die Panzerkrebse bilden drei große Gruppen: *Langschwänzige Bodenkrebse, Kurzschwanzkrebse* bzw. *Echte Krabben* sowie *Mittelkrebse*. Den *Langschwänzigen Bodenkrebsen* gehören so vornehme Mitglieder wie *Hummer, Languste* und *Flußrebse* an. Ein bekannter und beliebter Vertreter ist auch der zur Hummerfamilie zählende *Scampo* (Plural: Scampi), dessen deutscher Name *Kaisergranat* lautet – was häufig zu einer ärgerlichen Verwechslung mit der Riesengarnele führt.

Die *Kurzschwanzkrebse* oder *Echten Krabben (Brachyura)* sind ganz ohne Zweifel die am höchsten entwickelten Krebse. Von anderen Krebsen unterscheiden sie sich dadurch, daß sie sich seitlich fortbewegen und ihre Körperform oft breiter als lang ist. Schon seit der Jurazeit gibt es ihre ursprünglichsten Vertreter, die *Wollkrebse*. Wollkrebse und *Wollkrabben* verdanken ihren Namen einem ungewöhnlichen, wollig wirkenden Überzug, den sie sich in passender Form aus Schwämmen oder Seescheiden herausschneiden und auf den Rücken pflanzen.

Überhaupt neigen zahlreiche Krabben dazu, sich Pflanzen oder tote Dinge zur Tarnung auf den Rücken zu setzen oder sich einfach unter einer flachen Muschelschale zu verbergen, um über ihre wahre Form und Farbe hinwegzutäuschen. Anderen genügt es für ihr Sicherheitsbedürfnis vollkommen, sich in Form und Farbe auf die Ähnlichkeit mit der Umgebung zu verlassen. Viele von ihnen zeigen auf den Menschen fast intelligent anmutende Lebensleistungen. Schon Aristoteles beschreibt mit Bewunderung den *Muschelwächter* (Pinnoteres pisum), eine ein bis zwei Zentimeter lange Weichkrabbe, die in der im Mittelmeer häufig vorkommenden Steckmuschel lebt. Ein Verhalten, das man bei vielen Mitgliedern der Pinnoteriden beobachten kann, wobei aber die Männchen offenbar »frei« leben, während die Weibchen ihr Leben lang »ihrer« Muschel treu bleiben und sie nur zum Zwecke der Paarung verlassen. Interessant ist auch das Verteidigungsverhalten der indopazifischen, auf Korallenriffen lebenden Krabbe *Lybia tesselata:* Sobald Gefahr droht, ergreift sie mit jeder Greifschere eine nesselnde Seerose und streckt sie dem Feind entgegen.

Für den Feinschmecker unserer Breiten ist in erster Linie der *Taschenkrebs* von Bedeutung. Aus wärmeren Gefilden kommen *Schwimm-* und *Blaukrabbe* hin und wieder bei uns in den Handel.

Die *Mittelkrebse* (Anomura) stellen mit ihrer Gestalt eine Verbindung zwischen Langschwanzkrebsen und Kurzschwanzkrebsen her. Ihre Vertreter sind zum Teil recht kurios. So verbergen die sowohl im Meer wie auf dem Land lebenden *Einsiedlerkrebse* ihren weichen Hinterleib gekonnt in Schneckenschalen. Der *Palmendieb,* so benannt, weil er Palmen erklimmt, um sich dort mit Kokosnüssen zu versorgen, verzichtet nach seiner Jugend auf das schützende Schneckenhaus und krümmt statt dessen seinen schutzlosen Hinterleib gekonnt unter den gut gepanzerten Vorderleib. Ähnlich verhält sich auch die *Steinkrabbe,* dritter wichtiger Vertreter der Mittelkrebse. Auch wenn der Name es vortäuscht: Sie gehört zu den Krebsen, nicht zu den Krabben.

Verwirrende Namensvielfalt

Garnelen, Shrimps, Prawns sind die mehr oder weniger korrekten Bezeichnungen für die 2000 bis 3000 bekannten Garnelenarten (Natantia), die sich in allen Weltmeeren und zum Teil auch in Binnengewässern tummeln, wirtschaftlich jedoch nur zu einem relativ kleinen Teil von Interesse sind. Für den ratlosen Gourmet liegt die Problematik der exakten Klassifizierung darin, daß sie einmal unter zoologischen, zum anderen unter handelsüblichen Aspekten erfolgt, wobei die Bezeichnungen des Handels leider international nicht einheitlich sind oder sogar durch Phantasienamen ergänzt werden. Auch gibt es in den einzelnen Fangländern umgangssprachlich geprägte Bezeichnungen, die zum Teil nicht einmal national, sondern nur in einzelnen Gebieten gebräuchlich sind.

Nicht zu vergessen die sehr globale Unterscheidung

nach den jeweiligen Lebensräumen: Tiefseegarnelen und Garnelen aus flacheren Küstengewässern; Garnelen, die sich in Kaltwasser- und solche, die sich in Warmwassergebieten tummeln – wobei Kaltwassergarnelen meist von besserer Qualität sind. Eine dritte Einteilung ist die nach Meereswasser, Süßwasser und Brackwasser.

Unter der Bezeichnung *Shrimps* kommen bei uns in erster Linie Tiefseegarnelen auf den Markt, die so klein und zartgewichtig sind, daß mindestens 200 Stück notwendig sind, um ein Kilogramm auf die Waage zu bringen.

Ähnliche Leichtgewichte sind auch unsere *Nordseekrabben*, die schon aus eigenem Interesse des hiesigen Handels nur als Krabben oder Granat bezeichnet werden.

Kompliziert wird es wieder bei den *Prawns,* die vorwiegend nach ihren Größen sortiert werden, leider nicht einmal einheitlich im englischsprachigen Raum, von den Unterschieden zum europäischen Kontinent und dem pazifischen Raum ganz zu schweigen. Sind sie allerdings mit Zusatzbezeichnungen, wie »Tiger«, »King« oder »Riesen« behaftet, kann man generell von einer beachtlichen Größe ausgehen.

In bezug auf die kommerzielle Klassifizierung machen die kriechenden Krebse (Reptantia) dem Feinschmecker das Leben leichter, weil sich sein Interesse ganz bestimmten, schmackhaften Arten zuwendet, die hierzulande zum Teil frisch, zum Teil tiefgekühlt für den Kochtopf geliefert werden. Denn selbst wenn man sie auf Reisen kennenlernt, vielleicht unter Namen, von denen man bis dato nichts gehört hat, kommen sie einem immer irgendwie bekannt vor. Ob nun Europäischer oder Amerikanischer Hummer, ob nun Europäische oder Mauretanische Languste, ob

Königskrabbe oder Steinkrabbe – stets ist es nur vom Feinsten! Und die Namen sind Schall und Rauch!

Nahrung und Nährwert der Krustentiere

Bei Krustentieren ist es wie bei Menschen: Je feiner die Herrschaften, um so höher die Ansprüche. Während Hummer, Langusten, Flußkrebse und andere Mitglieder der »High-Society« nur klares, wohltemperiertes Wasser als Lebensraum dulden und sich schon bei geringfügigen Veränderungen grollend zurückziehen, graben sich Wollhandkrabben, Sumpfkrebse oder Granat ungerührt in Sand und Moder ein, wenn es ihnen denn opportun erscheint. Während man in den feineren Kreisen der Meerwasserbewohner fleischliche Nahrung bevorzugt, scheut man sich in Flüssen, Bächen, Seen und Tümpeln nicht, Pflanzen anzuknabbern oder gar sich vom Menschen mit diversen Speisen füttern zu lassen. Den Feinschmecker kümmert's wenig, solange die Tierchen nur schön lecker schmecken.

»Krebse sind die Krone!«, bekannte der als fröhlicher Genußmensch geltende Verleger Heinrich Maria Ledig-Rowohlt. Doch nicht jeden Tag! In der Beschränkung zeigt sich erst der Meister, so sagte schon Goethe. Bei dem normalen Durchschnittsbürger ist es wohl weniger die Weisheit als sein sorgfältig eingeteiltes Haushaltsgeld, das dem übermäßigen Genuß von Hummern, Langusten und Krebsen entgegensteht. Die wiederum regeln ihren Nahrungsbedarf nach Angebot und Nachfrage. Nachfrage besteht praktisch immer, das Angebot kann variieren. Wer fleißig »arbeitet« und das Glück hat, sich an einem Ort aufzuhalten, der mit Kleingetier und Plankton reich bestückt ist, kann wählerisch sein. Wer weniger begünstigt ist, muß sich halt bescheiden oder umziehen. Auf verschmutzte oder verseuchte Gewässer reagieren Krustentiere übrigens mit Abwanderung oder – noch schlimmer – indem sie sterben. Umweltgifte, die nicht (schlecht) riechen oder schmecken, können nicht wahrgenommen werden; sie werden mit der Nahrung aufgenommen und später ausnahmslos an den Menschen weitergegeben.

Die geschmackliche Qualität der Krustentiere wird ausschließlich von der Umgebung, d. h. dem Wasser und der sich darin tummelnden Nahrung bestimmt. So schätzen Feinschmecker den Hummer aus europäischen Gewässern mehr als den aus Kanada oder den USA, ziehen die Languste aus Kuba der aus Frankreich (das allerdings vielfach nur Zwischenstation ist) vor und genießen den sehr hohe Ansprüche an seinen Lebensraum stellenden Edelkrebs mit größerem Vergnügen als den sehr viel genügsameren Galizier.

Es ist nicht immer der Genuß allein, der den Wunsch nach Krustentieren auf dem Speiseplan weckt. Oft steht auch der Wunsch nach purzelnden Pfunden ganz oben. Denn: Das Eiweiß von Krustentieren ist ein echtes Schlankheitsprotein! Es ist sehr hochwertig und hat einen weitaus höheren Sättigungseffekt als die quantitativ gleiche Menge eines anderen tierischen Eiweißes. Hinzu kommt, daß mit dem Fleisch von Krustentieren nur geringe Mengen von Fett und gar keine oder nur äußerst wenige Kohlenhydrate aufgenommen werden.

Zusätzlich versorgt es uns mit den Vitaminen der B-Gruppe und Niacin. Einige Arten, wie Hummer und Garnelen enthalten Vitamin C, die Garnelen außerdem Vitamin A.

Erwähnenswert ist auch ihr Mineralstoffgehalt, der nicht nur bei einer Diät für des Feinschmeckers Wohlbefinden von höchster Bedeutung ist.

Nährstoffe von Krustentieren

100 g verzehrbarer Anteil Art	Kcal/KJ	Eiweiß in g	Fett in g	Kohlenhydrate in g	Natrium in mg
Hummer	82/344	15,9	1,9	0,3	270
Garnelen	80/336	16,8	1,4	–	146
Flußkrebs	64/269	15,0	0,5	2,2	253

100 g verzehrbarer Anteil Art	Kalium in mg	Calcium in mg	Phosphor in mg	Magnesium in mg	Eisen in mg	Fluor in mg
Hummer	220	61	234	22	1,0	–
Garnelen	266	92	224	67	1,8	0,09
Flußkrebs	254	43	224	–	2,0	–

Vitamine in Krustentieren

	A in µg	B_1 in mg	B_2 in mg	Niacin in mg	C in mg
Hummer	–	0,13	0,09	1,8	5
Garnelen	141	0,05	0,03	2,4	2
Flußkrebs	–	0,15	0,10	2,0	–

Wer nur auf die Schnelle den Sünden eines üppigen Wochenendes zu Leibe rücken möchte, kann es durchaus mit einer Ein-bis-zwei-Tagediät ausschließlich mit Krustentieren versuchen, sollte aber zusätzlich ein paar Vitamintabletten schlucken und auch auf ein Gläschen trockenen Wein nicht verzichten.

Aber, Hand aufs Herz! Ist es nicht viel zu schade, das Schlemmen von Hummer, Krabben, Shrimps & Co. zu einer Diät zu degradieren? Viel schöner ist es doch, die »Großen« unter ihnen bei Kerzenlicht und guter Stimmung, zusammen mit einem ganz besonderen Rebensaft und in netter Gesellschaft zu genießen.

> *Von allen rund 35 000 Krustentierarten ist der Feinschmecker – von wenigen Ausnahmen abgesehen – ausschließlich an den Decapoden, den Zehnfußkrebsen, interessiert. In erster Linie liebt er sie ihres feinen Fleisches wegen. Doch alle Krebse zeichnen sich durch hochwertige Proteine, extreme Fettarmut und hohen Mineralstoffgehalt aus. Als »Schlankmacher« sind sie dennoch nur bedingt geeignet.*

Abbildung:
Hummer nature – ein Festessen für alle Feinschmecker

Die sechs Krustentier-Gruppen

Die Klassifizierungsproblematik für den feinschmeckerischen Konsumenten und den Handel gleichermaßen wurde schon angesprochen. Um sie ein wenig zu vereinfachen, hat die Gastronomische Akademie Deutschlands e.V., ein Zusammenschluß von Fachleuten, die im weiteren oder engeren Sinn mit Ernährung zu tun haben und sich die Förderung und Erhaltung der Kochkunst und Tafelkultur zum Ziel gesetzt haben, die Krustentiere in sechs Gruppen unterteilt, nach der sich Fachhandel, Hotel- und Gastronomiegewerbe richten können.

Die im folgenden ebenfalls angegebenen Benennungen in Englisch, Französisch, Italienisch und Spanisch erleichtern das Wiedererkennen beispielsweise auf den Speisekarten im Urlaubsland, wobei jedoch berücksichtigt werden muß, daß gerade in kleineren Restaurants mit lokalen Bezeichnungen gerechnet werden muß.

Die sechs Gruppen, in welche die Krustentiere unterteilt werden können, lauten: Garnelen, Langusten, Hummer, Kaisergranat, Krebse und Krabben. Einzelne dieser Gruppen sind noch in weitere Untergruppen differenziert.

Garnelen

Die erste Gruppe bilden die Garnelen und wird wiederum unterteilt in Zwerggarnelen, Garnelen und Riesengarnelen.
▷ *Zwerggarnelen* (Krill, Antarktischer Krill); lat.: euphausia superba; engl.: krill, Antarctic krill*; frz.: krill, krill de l'Antarctique*; ital.: eufausiacei*, krill dell'Antarctico*; span.: krill antàrctico*.

Obwohl garnelenähnlich, gehört Krill nicht zu den Decapoden, sondern zu den Leuchtkrebsen. Leuchtkrebse unterscheiden sich von Garnelen durch das spitze, mit Borsten versehene Schwanzende und durch das Fehlen des bei allen Zehnfüßlern vorhandenen Panzers an den seitlichen Kiemen.

Leuchtkrebse leben in riesigen Schwärmen, in denen sich nicht selten fast 100 Millionen der kleinen 4 bis 6 Millimeter langen Einzeltiere tummeln. Man nimmt an, daß der Zusammenhalt eines solchen Schwarms durch Leuchtsignale aufrechterhalten wird, die die Tiere mit ihren Leuchtorganen – meist zehn an der Zahl – aussenden.

Krill, Leuchtkrebse aus den kalten Meereszonen, war eine Zeit lang als mögliche Alternative einer preiswerten Proteinversorgung im Gespräch, zumal plötzlich riesige Mengen zur Verfügung standen. Optimistische Schätzungen sprachen von 160 Millionen Tonnen jährlicher Ausbeute, vorsichtige Wissenschaftler immerhin noch von 30 Millionen Tonnen.

Als Tierfutter ist Krill von Bedeutung, aber fast alle Versuche, diese Leuchtkrebse für die menschliche Ernährung attraktiv zu machen, scheiterten, vor allem, weil sich das Problem der Entschalung bisher nicht optimal lösen läßt.

Japan und die Sowjetunion verarbeiten das aus den Panzern gepreßte Fleisch zu einer Paste, und auch in europäischen Ländern macht man Versuche in dieser Richtung. Das erhoffte Volksnahrungsmittel wird Krill aber vermutlich doch nicht werden.

▷ *Garnelen;* lat.: natantia; engl.: shrimps; frz.: crevettes (grises = Nordseegarnele); ital.: gamberetti, gamberi; span.: camarónes.

Die Größe der Garnelen wird mit zwischen 5 und 15 Zentimeter schwankend angegeben. Dieser Gruppe werden auch die sogenannten *Nordseekrabben (Granat)* zugezählt.

▷ *Riesengarnelen;* lat.: penaeidae; engl.: king prawns, prawns; frz.: crevettes*, crevettes roses, pénaeidés*; ital.: gamberoni; span.: gambas.

In diese Kategorie wurden nur Krebse aufgenommen, deren Länge 17 bis 23 Zentimeter beträgt.

Langusten

In der zweiten Gruppe finden sich die bei vielen Feinschmeckern beliebten Langusten.

▷ *Langusten*; lat. penaeidae (palinuridae*); engl.: rock lobster, spiny lobster; frz.: crevettes roses (langouste*); ital.: aragoste; span.: langostas.

Empfohlen werden Tiere mit einer Gesamtlänge von 25 bis 40 Zentimetern. Auch wird darauf hingewiesen, daß die Bezeichnung »Langustine« irreführend ist, weil sie sich nach deutschem Sprachgebrauch auf Kaisergranat (siehe dort) bezieht.

Hummer

Dem mit am meisten geschätzten Krustentier, dem Hummer, begegnen wir in der dritten Gruppe.

▷ *Hummer*; lat.: hommarus (gammarus, vulgari; americanus*); engl.: lobster (european; northern, American, Main*); frz.: homard (européen; américain*); ital.: astice (elefante di mare, lupicante; americano*); span.: bogavante (hibricante, cabrajo, abacanto; americano*).

In der Klammer steht zuerst die Bezeichnung für den Europäischen, dahinter die für den Amerikanischen Hummer.

Kaisergranat

Schon bei dem Namen läuft Feinschmeckern das Wasser im Mund zusammen, Kaisergranat.

▷ *Kaisergranat*; lat.: nephrops (norvegicus*); engl.: Norway lobster, Dublin Bay prawn; frz.: langoustine, scampi*; ital.: scampo (Plural: scampi), scampolo*; span.: cigalas, magantos, langostina de Noruega*.

In dieser Klassifizierung werden auch Langostinos aus Chile der vierten Gruppe zugeordnet, weil sie nach der Körpergröße (20 bis 25 Zentimeter) und der Fleischqualität hierhin gehören. Allerdings ist das Verhältnis von Gesamtkörpergröße zu eßbarem Fleischanteil nur ca. 1:10.

Krebse

Mit Krebsen sind hier allerdings ausschließlich Fluß-

krebse gemeint, wie es deutlich aus der italienischen und spanischen Bezeichnung hervorgeht.
- *Krebse*; lat.: astacidae; engl.: crayfish; frz.: ècrevisses; ital.: gamberi di fiume; span.: cangrejos de rio.

Krabben

Wie in der ersten Gruppe, so gibt es auch in der letzteren eine weitere Unterteilung, und zwar in Krabben und Königskraben.
- *Krabben;* lat.: brachyura; engl.: crabs; frz.: crabes, brachyoures*; ital.: granchi, brachiuri*; span.: cangrejos.

Hier werden Krabben mit einer Größe von 5 bis 20 Zentimetern zusammengefaßt, womit aber nicht die »Krabben« des norddeutschen Sprachgebrauchs gemeint sind, sondern Kurzschwanzkrebse.
- *Königskrabben;* lat.: lithodidae (Steinkrabbe)*, paralithodes camtschatica*; engl.: king crabs, russian crab*; frz.: crabes royaux; ital.: grancevole (del Kamciatka*); span.: cangrejos ruso.

Es muß darauf hingewiesen werden, daß diese 1979 erstellte Klassifizierung der Bundesforschungsanstalt für Fischerei in Hamburg vorgelegt und von ihr nicht in allen Punkten gebilligt wurde. Die Autorin hat sich daher erlaubt, einige – mit * gekennzeichnete – Ergänzungen vorzunehmen, die sie dem »Fünfsprachigen Fachwörterbuch der Fische, Krusten-, Schalen- und Weichtiere« von Dr. Willibald Krane, erschienen im Behr's Verlag (Hamburg), entnommen hat. Irreführende oder mißverständliche Bezeichnungen sind dadurch keineswegs auszuschließen, weil oft in einem Sprachgebrauch die gleichen Bezeichnungen für unterschiedliche »Produkte« bestehen, weil die gleichen Krebse in einem Sprachraum – regional bedingt – unterschiedliche Bezeichnungen haben, weil selbst die wissenschaftlichen Namen nicht eindeutig sind.

Der Handel sorgt für zusätzliche Verwirrung durch Phantasienamen, die mit der zoologischen Einordnung nicht in Einklang zu bringen sind. So werden Tiefseekrebs, Kaisergranat oder Scampi (nephrops norvegicus) als Tiefseehummer, norwegischer Hummer, schlanker Hummer oder Hummerkrabben gehandelt. Aus Königskrabben wird feinstes Krebsfleisch, Riesengarnelen (Pandalidae) werden je nach Herkunftsgebiet zu Hummerkrebs, Hummerkrabbe oder Hummergarnele. Gerade in letzterem Fall kann man sich des Eindrucks nicht erwehren, daß hier bewußt das Wort Hummer zur Täuschung des Verbrauchers eingesetzt wird.

Alles auf einen Blick

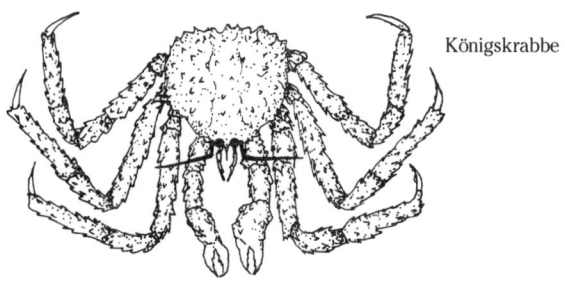

Königskrabbe

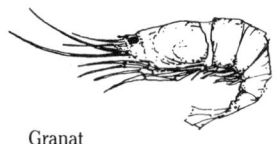
Granat

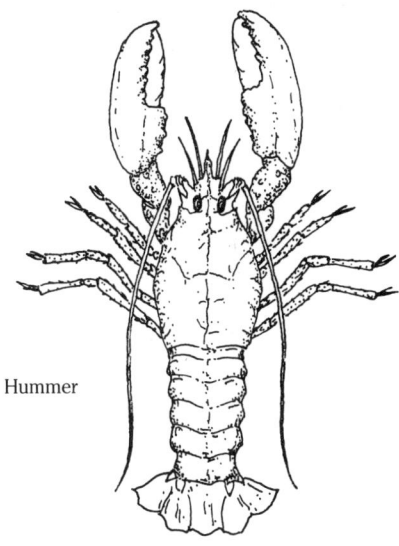
Hummer

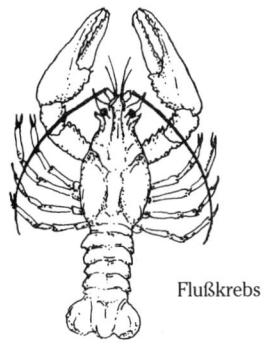
Flußkrebs

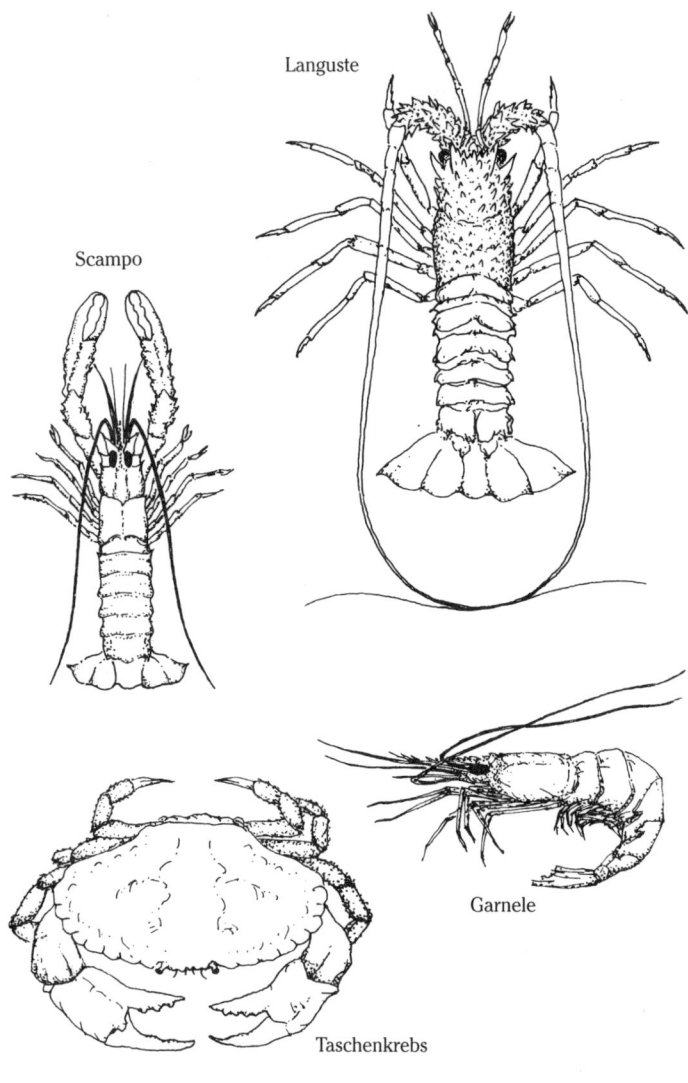

Bei den für den Gourmet interessanten Krustentieren herrscht eine verwirrende Namensvielfalt. Häufig suggeriert die Gastronomie mit Fantasienamen eine falsche Zugehörigkeit, was sich unter Umständen auf den Preis auswirken kann. Vor allem der Begriff Hummer wird oft und gerne mißbraucht. Die hier aufgeführten Gruppen sollen dem Verbraucher die einheimische Klassifizierung erleichtern, es ihm aber auch ermöglichen, im Ausland auf einer Speisekarte seinen Lieblingskrebs identifizieren zu können.

Hummer und Langusten – Lieblingskinder der Gourmets

In Helgoland erzäht man auch heute noch den Kindern die traurig-schöne Geschichte »Wie der Hummer nach Helgoland kam«. Eigentlich sollte man ihnen und auch den Erwachsenen aber sinnvollerweise lieber die unendlich traurige Geschichte erzählen, wie es geschehen konnte, daß dieses königliche Tier inzwischen aus diesen ehemals für die Fischer so sagenreichen Jagdgründen so gut wie verschwunden ist. Vor allem die Wasserverschmutzung und Überfischung haben den einst so lukrativen Hummerfang rund um Helgoland auf ein Minimum reduziert.

Gottlob müssen die Gourmets hierzulande dennoch nicht auf die Delikatesse verzichten; England, Norwegen, Irland, Schottland, die Vereinigten Staaten und Kanada liefern uns das königliche Tier. Man kann sich natürlich auch für die Alternative Languste entscheiden, doch scheint sie – gemessen an den Importzahlen – hierzulande, ganz im Unterschied zu Frankreich, bei den Feinschmeckern nicht so hoch im Kurs zu stehen wie der verwandte Hummer.

Ob Hummer oder Languste – der Feinschmecker sollte in jedem Fall frischen Tieren den Vorzug geben.

Die Hummerlegende

Vor vielen hundert Jahren suchte ein Segelschiff während eines tobenden Novembersturms Schutz vor der Insel Helgoland. Ehe es nach zwei Tagen wieder die Anker lichtete, warfen die groben Seeleute einen kleinen, verängstigten, von der Seekrankheit halbtoten Schneider mitsamt seiner Habe an den Strand. Er wollte eigentlich von Hamburg nach England übersetzen, war aber der rauhen See nicht gewachsen gewesen. Die Witwe eines Fischers und ihre Tochter Deyke nahmen sich des armen Mannes an und pflegten ihn gesund. Nach und nach gewöhnte sich das Schneiderlein an das karge Inselleben, verliebte sich gar in das schöne Inselkind Deyke. Die Sehnsucht nach der großen, weiten Welt jenseits des Horizonts aber ließ ihn nie recht froh werden. Immer wieder trieb es den Schneider, der übrigens Humbert hieß, an den Klippenrand, wo er sehnsuchtsvoll nach Süden starrte.

Eines Tages hörte er aus den Tiefen der See seinen Namen rufen: Eine Seejungfrau lockte ihn mit schmeichelnder Stimme. Humbert vergaß seine Sorgen, vergaß Deyke und stürzte sich in die Wogen. Im Palast der Meereskönigin fand er sich wieder. Diese schönste aller Meerjungfrauen befahl ihm, ihr ein Festgewand zu nähen, und ließ einen Seidenstoff herbeischaffen. Etwas Glänzenderes, Kostbareres hatte Humbert auch bei seiner allerstolzesten und reichsten Menschenkundschaft nie gesehen. Und er nähte das schönste Gewand, das je unter seinen Händen entstanden war. Als er fertig war, blieb ein winziges Stückchen Stoff übrig. Da dachte der Schneider plötzlich an Deyke und beschloß, aus diesem kleinen Rest für sie eine Haube zu nähen.

Die Königin aber wollte nicht teilen und warf ihm Untreue und Verrat vor. Vergeblich flehte der Schneider, sprach von seiner großen Liebe, doch nur sein Leben schenkte ihm die nachtragende Königin, nicht die Freiheit.

Deyke wartete lange vergeblich auf den verschwundenen Geliebten, bis eines Tages die Fischer kamen und von einer seltsamen Erscheinung am Fuße der Klippen erzählten. In einer Höhle hause ein merkwürdiger Bewohner. Zwei lange Fühler wie Ellen strecke er aus, er habe zwei gewaltige Scheren, aber einen kleinen, unscheinbaren Körper. Deyke erkannte in der Beschreibung sofort ihren Humbert. Als die Herbststürme wieder über die Insel hinwegfegten, machte Deyke sich auf zur Klippe und rief wieder und wieder seinen Namen. Da schlug eine Welle über den Klippenrand, riß das Mädchen mit sich fort und trug es tief hinunter ins Reich der Meereskönigin, die endlich Deyke und Humbert vereinte. Und noch heute hausen die Nachkommen der beiden rund um Helgoland, tragen Humperts Namen und sind wie er ausgestattet mit Elle und Schere. Soweit die Mär um den Helgoland-Hummer.

Hummer satt – aber nicht mehr aus heimischen Gewässern

Aus dem Jahr 1615 ist überliefert, daß 37 000 Hummer im Felsengebiet von Helgoland gefangen wurden; noch vor knapp 100 Jahren waren es laut Brockhaus etwa 30 000 Stück. In der kurzen Friedenszeit zwischen dem Ersten und Zweiten Weltkrieg bot jedes Restaurant der Insel, das auf sich hielt, täglich frischen Hummer an.

Längst ist es mit der Herrlichkeit vorbei, obwohl die Fischer von Helgoland den Hummern schon vor 100 Jahren eine Schonfrist einräumten. Was aber auch ein wenig mit Werbung zu tun hatte. Denn daß diese Schonzeit von Mitte Juli bis Mitte September just mit der Zeit zusammenfiel, in der die Hummer wegen Eiablage und Häutung ohnehin nicht so gut schmeckten, und in der die meisten Fischer wegen der Betreuung der immer stärker auf die Insel strömenden Badegäste wenig oder gar keine Zeit hatten, um zum Fang auszulaufen, verschwiegen sie tunlichst.

Heute sind die Fangquoten rund um Helgoland nicht mehr der Rede wert. Teils durch Überfischung, teils durch Wasserverschmutzung – der Streit über die tatsächliche Ursache ist noch nicht ausgestanden – gehen den Fischern alljährlich lediglich 500 bis 800 Humbert-Nachfahren in die Netze bzw. Reusen. Zwar werden Hummer im »Aquarium Helgoland« gezüchtet, aber ausschließlich zu wissenschaftlichen Zwecken.

Das hindert den deutschen Feinschmecker nicht, sich alljährlich an über 500 Tonnen lebender und über 20 Tonnen tiefgefrorener Hummer zu delektieren, auch wenn sie für das Kilogramm durchschnittlich 60 DM ausgeben müssen.

England – Lieferant Nr. 1 für Europäischen Hummer

Der Europäische Hummer, größter Krebs in Europas Meeren, tummelt sich in fast allen Küstenregionen, vom hohen Norden Norwegens bis hin zur griechischen Westküste. Am ertragreichsten sind dabei die Gewässer rund um Großbritannien und östlich von Irland. England ist auch für uns Lieferant Nr. 1., gefolgt von den Niederlanden. Frankreichs Rolle als allgemeiner Hummerlieferant ist zwar nicht unbedeutend, beschränkt sich aber mehr oder weniger auf Tiefkühlware und den Zwischenhandel von außereuropäischen Hummern.

Eine zunehmende Nachfragesteigerung, Überfischung der traditionellen Gewässer verbunden mit einem aus Umweltproblemen resultierenden Rückgang der Ressourcen hat dazu geführt, daß der europäische Gesamtbedarf heute nur noch zu knapp 50 Prozent durch den Homarus vulgaris gedeckt werden kann. Hinzu kommt, daß in nördlichen Regionen – und Hummer schmeckt um so besser, je kälter das Wasser seines Lebensraums ist – die Fangsaison begrenzt ist. Die rauhe See des Nordens macht die Fangbedingungen in den Wintermonaten äußerst schwierig, wenn nicht gar unmöglich.

Kanada – Hummernation Nr. 1 und Vorreiter der Hummerzucht

Als Alternative steht der Amerikanische Hummer zur Verfügung. Sein Lebensraum erstreckt sich entlang der Ostküste des nordamerikanischen Kontinents von Labrador in Kanada bis North Carolina in den USA. Die kanadische Hummerwirtschaft, die innerhalb der gesamten Fischwirtschaft des Landes eine hervorragende Rolle spielt, gilt als die größte der Welt, obwohl auch die USA über riesige Hälterungsanlagen verfügen und beide Staaten gleichermaßen Anstrengungen unternehmen, um eine lukrative kommerzielle Hummerzucht betreiben zu können.

Die Notwendigkeit der Hummerzucht ist deshalb gegeben, weil beide Staaten einen riesigen Markt abdecken müssen, sowohl im In- wie im Ausland. Die Gefahr einer Überfischung ist inzwischen schon sehr akut. Kanada exportiert fast zwei Drittel seines Hummerfangs – lebend oder gekocht – in die USA sowie über Frankreich und Belgien auch auf den europäischen Markt.

Ob und wann gezielte Hummerzucht zum Erfolg führen kann, ist sowohl des langsamen Wachstums des Humarus als auch seiner speziellen Lebensführung wegen noch ungewiß.

Hummer: Vom Fischer/Händler zum Kunden

Viele Großhändler versuchen die Fangsaison durch Hälterung der Hummer in Seewasserbassins zu umgehen und eine kontinuierliche Marktbelieferung zu erreichen. Was aber einige Probleme mit sich bringt. Der Einzelgänger Hummer fühlt sich in Gefangenschaft, auf engem Raum mit mehreren Artgenossen zusammengepfercht, nicht sonderlich wohl, manche Hummer verweigern in diesem Fall die Nahrungsaufnahme und zehren von der eigenen Körpersubstanz, was die Fleischqualität deutlich mindert; länger als drei oder vier Tage sollten die Tiere vor einem möglichen Verzehr nicht auf diese Weise verbracht haben; zumal gefährliche Rangeleien trotz zusammengebundener Scheren nicht ausgeschlossen sind.

In Großhälterungsanlagen, in denen die Hummer sich

oft sehr lange aufhalten, versucht man, sie mit regelmäßiger Fütterung bei Kraft und Laune zu halten und den Aggressionstrieb zu drosseln. In kleineren Anlagen, wo der Hummer sozusagen nur Zwischenstation auf dem Weg vom Importeur zum Händler macht, wird nicht immer gefüttert. Dort kann es vorkommen, daß die vom Transport gestreßten Tiere aufeinander losgehen, wobei kleinere und geschwächte Hummer den schlechteren Part haben. Es soll sogar schon vorgekommen sein, daß ein Hummer Hand oder besser Kauwerkzeuge an sich selbst gelegt hat.

Deutsche Großhändler und -importeure, die sich sowohl dem Hummer gegenüber »human« verhalten als auch ihren Kunden nur das Beste liefern wollen, lassen es darum erst gar nicht soweit kommen. Vertraglich abgesichert können sie davon ausgehen, daß vom Fang über Verpackung und Transport bis zum Eintreffen auf einem deutschen Zielflughafen nicht mehr als drei bis vier Tage ins Land gegangen sind. Bei innereuropäischer oder US-Ware ist das kein Problem, schwieriger gestaltet es sich bei Hummern aus kanadischen Regionen, deren Flughäfen von den Fanggebieten weit entfernt liegen. Nicht selten behindern während der Wintermonate Schnee und Eis die fristgerechten Transporte. In Kanada begegnet man derartigen Problemen unter anderem damit, daß man die getöteten Hummer in Einzeleisblöcke einfriert und so auf den ausländischen, auch den europäischen Markt bringt.

Für den wahren Gourmet ist jedoch ein tiefgefrorener Hummer kein Genuß – wie aber sollen diese zum Kannibalismus und zur Selbstzerfleischung neigenden Tiere optimal transportiert werden? Solange dem krassen Egoisten Hummer sein Freiraum und seine relativ niedrige Lieb-

Abbildung oben:
Languste

Abbildung unten:
Hummer (Homarus vulgaris)

lingstemperatur garantiert werden kann, geht er willig den Weg in sein kulinarisches Ende. Sind Transportwege und -zeiten kurz, reicht es, ihn in Spezialkartons oder -schachteln zu transportieren, die mit feuchter Holzwolle, Seetang oder nassem Zeitungspapier gepolstert und mit Lüftungsöffnungen versehen sind, die eine ausreichende Sauerstoffzufuhr ermöglichen. Ist es im Sommer sehr heiß oder liegt das Ziel in heißeren Klimazonen, werden zusätzlich wasserdichte Beutel mit Wassereis in die Kisten gelegt. Im Laufe des Transports schmilzt das Eis und sorgt für Kühlung.

Beim Importeur angekommen, werden die Hummer bis zum Weiterverkauf in Seewasserbassins gehältert, meist jedoch nur für wenige Tage, um die schon durch den Transport in Streß geratenen Hummer nicht noch mehr zu strapazieren. Ohnehin erreichen nicht alle Tiere ihr Ziel, im Durchschnitt muß mit einer Ausfallquote von 8 bis 10 Prozent gerechnet werden.

Mit seinen robusten Scheren kann der Hummer außer seinen Artgenossen auch dem Menschen recht gefährlich werden. Um die Angriffswerkzeuge auszuschalten, werden sie mit einem starken Gummiband, das zuerst um die innere Hälfte, dann um die äußere geschlungen wird, zusammengebunden. Früher hat man den Gelenkmuskel durchtrennt, eine sicherlich für den Hummer schmerzhafte Prozedur, von der man aber zum Glück abgekommen ist.

Der Lebenslauf des Hummers

»Hummer, dir tönt mein Lied! Grob bist du freilich, aber von göttlicher Grobheit und anstößig nur für jene Unglücklichen, die sich überhaupt vor jeder mannhaften Erscheinung fürchten und sich gegenüber der Gänseleberpastete und dir von vornherein dem Tode verfallen fühlen«, dichtete einst ein Unbekannter, der jedoch nicht versäumte zu vermerken, daß der Hummer »gescheibelt mit Mayonnaise und Aspik« oder in »einfacher Majestät gesotten« und mit Petersilie umkränzt des Feinschmeckers höchste Lust darstelle.

Ein Gourmet ist der Hummer selber, seine Tischmanieren lassen nichts zu wünschen übrig: Mit der rechten stärkeren Schere hält er Muscheln, Schnecken, Würmer, tote Fische fest, um sie mit der linken, kleineren, zu zerteilen und zierlich zum Munde zu führen. (Es gibt übrigens auch »Linkshänder« unter den Hummern, das ist selten ein Irrtum der Natur, sondern diese Exemplare haben meist in jungen Jahren die rechte Schere verloren, so daß – ehe sie sich neubilden konnte – die linke einen Wachstumsvorsprung bekam.)

Weniger manierlich geht der Hummer, ein eingefleischter Einzelgänger, mit ihm körperlich unterlegenen oder sich just in der Häutungsphase befindlichen Artgenossen um: Er erklärt sie kurzerhand für jagdreif und macht sich über sie her.

Ähnlich rüde sind auch die Begattungsmethoden. Von langem Liebesspiel hält der männliche Hummer nicht viel. Erstmals im Alter von sechs oder sieben Jahren und etwa 18 Zentimeter lang, zeigt er am »zarten« Geschlecht ein wages Interesse, das sich aber schon in einer simplen Übergabe des Samenpakets erschöpft. Die Hummerdame, die etwa im gleichen Alter geschlechtsreif wird, dann aber etwas länger ist, trägt die Gabe ihres rasch vergessenen

Gatten ungerührt bis zum nächsten Sommer mit sich herum; erst dann besamt sie ihre Eier mit dem Gattennachlaß. Auch die Larven haben es nicht eilig. Sie warten wohlbehalten zwischen den Hinterleibsbeinen ihrer Mutter auf besseres Wetter, unter Umständen zehn bis zwölf Monate lang, ehe sie ausschlüpfen und innerhalb von zwei oder drei Wochen zu kleinen Krebsen heranwachsen.

Obwohl die Weibchen nur alle zwei Jahre laichen, gibt es – von Umweltproblemen aller Art einmal abgesehen – keine Nachwuchssorgen. Schon ein gerade geschlechtsreifes Weibchen trägt etwa 8000 Eier, ist es zu einer Größe von 40 Zentimetern herangewachsen, kann es bis zu 30 000, manchmal sogar 40 000 Eier produzieren; von ausgewachsenen Damen wird sogar behauptet, daß sie es auf fast hunderttausendfachen Nachwuchs bringen, was aber wohl nur ganz, ganz selten der Fall sein dürfte.

Lediglich ein Bruchteil dieses Nachwuchsheeres, nämlich weit unter einem Prozent, erreicht ein Alter, in dem der Hummer für den Menschen interessant wird. Vorher haben sich schon andere Feinde an ihm gütlich getan. Über die Larven machen sich mit Vorliebe Fische und Quallen her; und auch die Hummertierchen selbst haben sich schon in diesem zarten Alter gegenseitig zum Fressen gern. Ist die erste Lebenshürde genommen und sind die Larven zu Kleinkrebsen herangewachsen, werden sie bevorzugte Beute von Plattfischen, größeren Krebsen und etlichen anderen Bewohnern des Meeresboden. Mit zunehmendem Alter – Hummer können theoretisch bis zu 40 Jahre alt werden – nimmt die Zahl der natürlichen Feinde ab.

Hummer wachsen langsam; jeder Wachstumsschub von einem bis zwei Zentimetern erfolgt mit der Häutung und der Neubildung des Panzers. Im ersten Lebensjahr wechselt der Junghummer bis zu neunmal sein Schutzgewand, als Dreijähriger setzt er sich nur noch viermal der großen Gefahr des Panzerwechsels aus, als Erwachsener nur noch ein- bis zweimal jährlich. Der *Amerikanische Hummer (Homarus americanus)* bringt es so im Idealfall auf eine Länge von 70 Zentimeter, der *Europäische Hummer (Homarus vulgaris)* kann unter günstigen Bedingungen und Lebensumständen 60 bis 65 Zentimeter lang werden und wiegt dann etwa 4 Kilogramm. Der Homarus americanus kann bei gleicher Länge etwas schwerer werden, was mit seiner breiteren Körperform zusammenhängt. Doch ein solch begnadetes Schicksal ist dem Homarus nur äußerst selten beschieden. Die Gier seines Erzfeindes Mensch steht dagegen, obwohl man – mehr aus eigennützigem als aus Hummer-Interesse – Schonfristen für Tiere unter 21 Zentimeter Länge erlassen hat, sofern sie männlichen Geschlechts sind. Bei Weibchen ist man etwas »großzügiger«, sie werden erst mit 22 bis 23 Zentimetern Länge geschlechtsreif und sind für Nachfolgegenerationen unerläßlich.

Homarus americanus und Homarus vulgaris unterscheiden sich rein äußerlich nur wenig voneinander. Ersterer ist etwas gedrungener in der Figur und hat zumeist eine ins Braungrünliche gehende Färbung, die hin und wieder an den Scheren- und Panzerrändern rötlich marmoriert sein kann. Der Vulgaris präsentiert sich dagegen eher in Blauschwarz bis Braunblau oder sogar kräftig blau und weist an Panzer- und Scherenrändern eine gelbliche bis orangegelbliche Marmorierung auf.

Interessant bei dem Hummer ist auch sein überaus sensibles Geschmacks- und Empfindungssystem, das übrigens weitaus besser ausgebildet ist als beim Menschen. Mit Hilfe haarähnlicher Rezeptoren, die über den gesamten Körper verteilt sind, kann er selbst auf weite Entfernungen Nahrungsquellen aufstöbern.

Unterscheiden kann man Männlein und Weiblein nur schwer. Madame Hummer kann man – sofern sie dort nicht ohnehin Eier trägt – am breiteren und damit fleischhaltigeren Schwanzteil erkennen. Beim Männchen läßt sich bei genauer Betrachtung feststellen, daß das erste Beinpaar des Hinterleibs etwas größer als beim Weibchen ist.

Hummertips für Feinschmecker

Am besten schmecken alle Hummer kurz vor der Häutung, dem Panzerwechsel, und zwei bis drei Monate danach. Männliche Tiere werden ihrer fleischigeren Scheren wegen geschätzt, viele Gourmets aber ziehen grundsätzlich weibliche Tiere vor, weil sie die Corail genannten orangebis tiefroten Eierstöcke für eine besondere Delikatesse halten. Während hierzulande meist nur das Scheren-, Bein- und Schwanzfleisch gegessen wird, ist es in anderen Ländern durchaus üblich, auch die Leber und eventuell am Kopfteil anhaftendes Fleisch zu verwenden. Nur der zwischen den Augen liegende Magen ist ungenießbar. So »ausgenommen«, macht das Fleisch des Hummers 30 Prozent seines Lebendgewichtes aus. Hummer, die leichter als 350 Gramm sind, kommen nicht in den Handel, die erste wichtige Handelsstufe sind Tiere mit 400 bis 450 Gramm Lebendgewicht, gängiger sind Gewichte zwischen 500 und 800 Gramm (wenn der Hummer etwa ein Lebensalter von acht Jahren erreicht hat), nur in Ausnahmen stehen Schwergewichte zwischen 1200 bis 1500 Gramm zur Verfügung.

Doch von solchen Riesenexemplaren lassen Feinschmecker ohnehin die Finger, da die Fleischqualität ab einem Gewicht von 1,5 Kilogramm nachläßt. Es gibt zwar selbst unter Meisterköchen keinen eindeutigen Konsens darüber, wie schwer der ideale Hummer sein soll, doch die meisten Küchenzauberer empfehlen Tiere mit einem Gewicht zwischen 500 und 800 Gramm.

Wenn auch hinsichtlich der Größe selbst unter Meisterköchen Uneinigkeit bestehen mag, über eines sind sich alle im klaren: Der beste Hummer ist der frische Hummer. Nur wer gerade Ebbe im Portemonnaie hat, seinen Hunger auf das edle Krustentier aber nicht bezähmen kann, dem sei zum Kauf von Tiefkühlware aus Kanada geraten, von wo übrigens auch recht ansprechendes Hummerfleisch in Konserven kommt. Letzteres sollte man aber nach amerikanischer Art in ein Aspik verbannen oder mit zarten Gemüsen, wie beispielsweise Bleichsellerie oder Avocados, und einer dezent gewürzten Sauce kombinieren, um geschmackliche Mängel zu kaschieren. Vorgekochte Hummer aus dem Eisblock müssen sehr vorsichtig behandelt werden, das heißt einmal: sofort nach dem Auftauen zubereiten, zum anderen: in einem kräftigen Sud kochen – aber nur kurz, im Grunde reicht schon ein nur wenige Minuten dauerndes Erhitzen. Auch hier sollte eine feine Sauce für den kulinarischen Ausgleich sorgen. Eine andere Methode, das beste aus dem gefrosteten Produkt zu machen, ist die, das aufgetaute, ausgelöste Fleisch ganz kurz in heißer Butter zu sautieren.

Unverständlich ist die hierzulande geliebte Tradition, Hummer gerade zu Weihnachten oder beim Silvestermenü zu servieren. Denn zu dieser Zeit machen die Tiere gerade auf Diät, die ihnen Kraft und Geschmack raubt. Von dieser Fastenzeit erholen sich die Hummer frühestens erst wieder im März.

Und noch ein Tip: Sie sollten keinen Hummer verzehren, der gerade aus dem Meer geborgen wurde; das Tier einen Tag ruhen lassen, damit es den Köder, z.B. Darm vom Knurrhahn, der den Geschmack beeinträchtigt, ausscheiden kann.

Languste – mehr als ein Hummer ohne Scheren

Bei oberflächlicher Betrachtung könnte man Langusten für scherenlose Hummer halten, die enge Verwandtschaft ist nicht zu leugnen; beide gehören zur Unterordnung Reptantia, den Panzer- oder Ritterkrebsen. Und beide sind das Feinste vom Feinen, wobei viele Feinschmecker ganz eindeutig der Languste den Vorzug geben, den sie mit etwa 90 DM pro Kilogramm auch teuer bezahlen.

Typisch für alle Langusten sind stachelartige Körperfortsätze und zwei die Körperlänge weit übertreffende Antennen. Mit diesen Antennen kann die Languste knarrende Geräusche erzeugen, um Angreifer in die Flucht zu jagen. Aber auch paarungswillige Langusten locken sich »gurrend« gegenseitig an.

Da den Langusten die Scheren fehlen, ist es auschließlich das Muskelfleisch des Hinterleibs, an dem der Mensch Interesse hat.

Die Langustenarten und die wichtigsten Langusten-Exportländer

Langusten sind an allen Felsenküsten der gemäßigten, der subtropischen und tropischen Meere anzutreffen. Die *Europäische Languste (Palinurus vulgaris)* lebt in den felsigen Küstenregionen von Atlantik und Mittelmeer. Als ein bevorzugtes Fanggebiet gilt die Bretagne-Küste, wo hin und wieder besonders große, 10 bis 15 Jahre alte Exemplare von bis zu 45 Zentimeter Länge und bis zu 8 Kilogramm Gewicht gefangen werden.

Wohngebietsüberschneidungen gibt es teilweise mit der *Portugiesischen* oder *Mauretanischen Languste (Palinurus mauretanicus)* vor Portugal und dem westlichen Nordafrika. Doch zieht sich der Lebensraum dieser Languste, die im Idealfall bis zu 75 Zentimeter lang und 5 bis 6 Kilogramm schwer werden kann, bis etwa zum Mündungsgebiet des Kongos hin. Während die Europäische Languste flachere Gewässer von 40 bis 70 Metern Tiefe bevorzugt, liebt die Portugiesische Languste felsigen Grund in etwa 100 Metern Tiefe.

Andere Arten der Gattung Palinurus sind an den Küsten von Nord- und Südamerika und der Karibik zu Hause. Die *Amerikanische Languste (Palinurus argus* oder *Panulirus argus)* gibt vor allem den Forschern wegen ihrer jahreszeitlichen Wanderungen Rätsel auf. Hunderte von Tieren ziehen brav im Gänsemarsch über mehr als 100 Kilometer weit über den Meeresboden dahin, um – so wird vermutet – bessere »Futterplätze« zu finden. Möglicherweise dienen dabei zur Verständigung untereinander von den Tieren erzeugte Laute, auf die man erst vor wenigen Jahren aufmerksam wurde. Denn die Wanderschaft ist für die Langusten nicht ganz ungefährlich: Obwohl sie ausgesprochene Nachtjäger sind und sich tagsüber lieber an schwer zugänglichen Plätzen versteckt halten, gehen sie auf diesen langen Marsch nur am hellichten Tag.

Südafrika und Australien beheimatet Langusten der Gattung *Jasus,* die besonders schmackhaft sind. In Australien sind sie am größten. Die *Ostaustralische Languste (Jasus verreauxi)* ist mit einem Maximalgewicht von 7,5 Kilogramm der absolute Champion. Uns erreicht sie allerdings so gut wie nie lebend, sondern kommt als »Lobster Tail«, also fälschlich unter der Bezeichnung »Hummerschwanz«, tiefgekühlt in den Handel. Anders dagegen ihre nahe Verwandte, die *Kap-Languste (Jasus lalandii),* auch *Rote* oder *Afrikanische Languste* genannt. Sie erreicht uns lebend in nicht unbeträchtlichen Mengen. Denn nach Frankreich und Kuba ist Südafrika drittwichtigster Lieferant für Deutschland in Sachen lebende Langusten. Die Kap-Languste wächst langsam, ihre maximal mögliche Länge von 40 Zentimetern erreicht sie erst im Alter von 30 bis 40 Jahren. Männliche Tiere werden erst mit 7 Zentimetern Panzerlänge, weibliche mit 8 Zentimetern geschlechtsreif. Um die Bestände nicht zu gefährden, dürfen keine Tiere unter einer Mindestlänge vor 89 Millimetern gefangen werden, so daß die Vermehrung vor dem Fang garantiert ist. Auch ist die Fangsaison auf die Zeit von November bis Juni begrenzt, damit aber wesentlich länger als die für Langusten der nördlichen Halbkugel im allgemeinen geltende Fangzeit von April bis Ende September.

Die aus Kuba, Deutschlands Langusten-Lieferant Nr. 2, exportierte Amerikanische Languste gilt unter Feinschmekkern als etwas ganz Besonderes, liegt dafür auch preislich über der Kap-Languste und vor allem über den Importen aus europäischen Ländern, wobei natürlich besonders die Transportkosten eine entscheidende Rolle spielen.

Im Sommer liefert Irland hervorragende Langusten. Frankreich, das als Lieferant nach Deutschland alle Konkurrenz weit hinter sich läßt, konnte diese Spitzenposition nur übernehmen, weil es Langustenwirtschaft weniger als »Produzent«, sondern eher als Zwischenhändler für Ware aus aller Welt betreibt und somit das ganze Jahr über liefern kann.

Langusten: Vom Fang bis zum Versand

Langustenfang, Hälterung, Verpackung und Versand laufen oft mit der Hummerwirtschaft parallel. Für den Importeur ist die Hälterung von Langusten weniger problematisch als die von Hummern. Langusten sind es gewohnt, in Gemeinschaften zu leben und sind daher auch in der Gefangenschaft entsprechend friedlicher.

Während der Hummerfang fast ausschließlich durch mit frischen oder getrockneten Fischen beköderten Reusen (auch Tiners genannt) betrieben wird, ist der Langustenfang regional recht unterschiedlich. Dort, wo aus kommerziellen Gründen große Erträge gefischt werden, ist der Reusenfang am gebräuchlichsten. Die beköderten Körbe oder Käfige werden an langen Schnüren in die Wassertiefen gesenkt, mit Bojen oder Wimpeln gekennzeichnet und bereits wenige Stunden später wieder hochgezogen. Der Inhalt wird sofort einer strengen Kontrolle unterzogen: Mit

Eiern behaftete Weibchen und zu kleine Tiere wandern sofort wieder ins Meer zurück.

In tropischen Gewässern verfährt man teilweise noch archaisch, teils aus Mangel an geeignetem Gerät, teils wohl auch um die Touristen zu erfreuen: Einheimische Taucher fangen die Leckerbissen mit der Hand. Keine allzuleichte Aufgabe, wenn man berücksichtigt, daß Langusten in beträchtlichen Tiefen an nur schwer zugänglichen Stellen leben.

Eine besonders originelle Methode des Langustenfangs haben eingeborene Fischer an der afrikanischen Südwestküste entwickelt. Sie befestigen Muscheln an einem Draht- oder Plastikring und hängen sie an den von den Langusten besonders geschätzten Felsenriffen oder vom Boot aus als Köder ins Wasser. Erst wenn sich zwei- oder gar drei Langusten über den Köder hermachen, wird der Ring nach oben gezogen. Obwohl Langusten äußerst schreckhaft sind, ist der Futterneid viel zu groß, als daß auch nur eine den leckeren Happen fahren ließe. Eine einzelne Languste würde vor Schreck das Weite suchen.

Muscheln gehören zu den Lieblingsspeisen aller Langusten, die sich außerdem noch von Schnecken und kleineren lebenden oder toten Weichtieren ernähren. Als »Ersatz« für die fehlenden Scheren ist die Languste mit einer Art »Muschelöffner« ausgerüstet. Dieses einer Messerklinge ähnliche Instrument benutzt sie, um Muscheln von Felsen abzulösen und aufzubrechen.

Die Paarung der Langusten vollzieht sich nicht ganz so im Husch-Husch-Verfahren wie beim Hummer. Gemeinsam ziehen sich Männchen und die gerade zuvor gehäuteten Weibchen in flachere Gewässer zurück. Seine bis zu

15 000 orange- bis korallenroten Eier trägt das Weibchen den Winter über unter seinem Hinterleib mit sich herum. Erst im Frühjahr sucht es zum Ablaichen stille Buchten auf, damit die anfangs etwa 3 Millimeter großen Larven relativ unbeschadet und vor Feinden verborgen ihre ersten Lebensmonate überstehen können.

Noch ein Tip für Gourmets: Was für den Hummer richtig war, gilt selbstverständlich auch für die Languste, am besten schmeckt sie halt, wenn es sich um ein »Frischprodukt« handelt. Muß es, aus welchen Gründen auch immer, mal Tiefkühlware sein, so sollte man sich für im Ganzen eingefrorene Langusten aus Australien entscheiden.

> *Wasserverschmutzung und Überfischung haben den einst lukrativen Hummerfang rund um Helgoland auf ein Minimum reduziert. Heute liefert in erster Linie England den Europäischen Hummer. Die meisten Hummer für den deutschen Markt kommen jedoch aus Kanada. Langusten erreichen uns teils im direkten, teils im Zwischenhandel aus Frankreich. Der Feinschmecker sollte sowohl beim Hummer wie bei der Languste frischen Tieren den Vorzug geben.*

Kaisergranat –
der feine Minihummer

Unter den Namen *Kaisergranat, Tiefseekrebs* oder *Scampi (Nephrops norvegicus)* wird auch bei uns die neben Hummer und Languste feinste Köstlichkeit angeboten. Die lateinische Bezeichnung deutet darauf hin, daß man das feine Tier zuerst Norwegen zugeordnet hat. Tatsächlich aber erstreckt sich sein Lebensraum vom nördlichen Atlantik bis tief in den Süden an die Nordküste Afrikas und im Mittelmeer bis in die Adria. Die Hauptfanggebiete und damit die Schwerpunkte für den nord- und mitteleuropäischen Handel liegen allerdings im nördlichen Bereich bis zur französischen Atlantikküste. Im Mittelmeer ist die Adria bevorzugtes Fanggebiet.

Steckbrief des Kaisergranats

Es ist kaum erklärbar, warum Kaisergranat und Riesengarnelen so häufig verwechselt werden. Form und Figur des Kaisergranats lassen deutlich die Mitgliedschaft in der Hummerfamilie erkennen, auch wenn der Körper schlanker und wesentlich kleiner ist.

Männchen können von der Hinterleibspitze bis zum Stirndorn maximal 24 Zentimeter lang werden, Weibchen hingegen bringen es im günstigsten Fall lediglich auf eine Gesamtlänge von 20 Zentimetern. Manche Tiere können in Ausnahmefällen eine Länge von bis zu 30 Zentimentern erreichen. Auf den Markt kommen aber selten Tiere, die länger als 15 Zentimeter sind, meist haben sie eine Länge von 12 bis 14 Zentimetern.

Das Verhalten des Kaisergranats ist dem des Hummers sehr ähnlich: Er ist ein Nachtjäger, der sich tagsüber in selbstgegrabenen Schlammhöhlen in Tiefen von 40 bis 250 Metern aufhält. Auch sein Wachstum geht langsam vonstatten, erst im Alter von drei bis fünf Jahren tritt die Geschlechtsreife ein; die Weibchen laichen nur alle zwei Jahre in den Wintermonaten und tragen bis zu 4000 Eiern, die – wie beim Hummer – erst bei der Ablage befruchtet werden.

Doch diese Informationen sind für den Feinschmecker eher von untergeordneter Bedeutung. Für ihn wichtig zu wissen ist, daß der Kaisergranat auch ungekocht von einer fast einheitlich hell-lachsroten Farbe ist, die sich beim Kochen kaum verändert.

In nördlichen Fanggebieten werden die Tiere vorzugsweise schon an Bord gekocht. In den Handel kommen in erster Linie die Schwanzteile, da die Scheren kein kulinarisch interessantes Fleisch enthalten. Hin und wieder tauchen aber auch bei uns frische oder im Ganzen gekochte Tiere auf. Im Süden ist diese Handelsart weitaus üblicher, und von hier kommen auch – neben den in fast allen Ländern üblichen Zubereitungsarten – zahlreiche, besonders raffinierte kulinarische Rezepte.

»Doppelgänger« Fangschreckenkrebs

Zu erwähnen ist in diesem Zusammenhang, daß unter dem – leider allgemein üblich gewordenen – Begriff Scampi in Italien auch eine Besonderheit auf den Markt kommt, die korrekt *Heuschrecken-* oder *Fangschreckenkrebs* (lat.: *squilla mantis*; engl.; *mantis shrimp*) genannt werden muß und einen der größten, nicht zu den Decapoden gehörenden Krebse bezeichnet. Er gehört in die im Mittelmeer recht verbreiteten Familie der Squillidae und verdankt seinen Namen seiner großen Ähnlichkeit mit einer Fangschrecke (Gottesanbeterin). Von großer wirtschaftlicher Bedeutung ist er nicht, obwohl er sehr wohlschmeckend ist. Als *shako* spielt er übrigens in der japanischen Küche eine große Rolle und ist dort ein sehr begehrter, auf besonders delikate Weise bereiteter Belag für die *sushi* genannten gesäuerten Reishäppchen, die als eine der Säulen japanischer Kochkunst gelten. In Italien wird der Heuschreckenkrebs (korrekt wird er als *canocchia, pannocchia* oder *cicala di mare* angeboten) meist wie Scampi oder Garnelen zubereitet.

Tips für die Scampi-Freunde

Selbst in bekannteren Restaurants ist man heute nicht mehr davor gefeit, statt der auf der Karte angekündigten frischen Scampi nur aufgewärmte Tiefkühlware vorgesetzt zu bekommen. Geübte Feinschmecker werden das natürlich bemerken, aber erst, nachdem sie einige Bissen probiert haben. Das Essen dürfte dann kein Vergnügen mehr sein, zumal, wenn die Reklamation nicht anstandslos akzeptiert wird.

Also Vorsicht, wenn diese Spezialität angeboten wird, denn bei lebenden Scampi handelt es sich inzwischen wirklich schon um eine Rarität. Ganz kleine Exemplare werden schon mal angeboten, aber – und das sagt eigentlich schon alles – nicht einmal in Rungis, den berühmten Pariser Markthallen, wird man heutzutage mehr auf große Scampi-Prachtexemplare stoßen. Das große Los gewissermaßen zieht ein Feinschmecker, dem beispielsweise an der südbretonischen Küste oder im Hafen von La Rochelle lebendfrische Langoustines angeboten werden; wer da noch zögert, ist selbst dran schuld, eine solche Chance bietet sich vielleicht einmal im Jahr. Anschließend sollten die Langoustines dann möglichst schnell in der Küche verarbeitet werden, denn schon nach zwei Tagen ist das Fleisch auch bei guter Kühlung pappig.

Die besten lebendfrischen Langoustines kommen aus Schottland, dicht gefolgt von der Bretagne. Für sie gilt das gleiche wie für den Hummer: Je kälter das Wasser, in dem sie aufgewachsen sind, desto besser schmecken sie. Was die Größe angeht, so schwören die einen Feinschmecker auf die Riesenexemplare, von denen drei oder vier bereits zusammen ein Kilogramm wiegen, wohl nicht zuletzt deshalb, weil sich diese Tierchen prächtig zur Dekoration eignen. Andere Gourmets ziehen die kleinen Scampi, Langoustines oder wie immer die Leckerbissen genannt werden, vor, von denen man schon 20 bis 25 Stück braucht, um das Kilogramm voll zu machen. Ob sie wirklich besser schmecken als die »Riesen«, sei dahingestellt, preiswerter sind sie jedenfalls allemal.

Abbildung oben:
Taschenkrebs

Abbildung unten:
Krabbe

Und da wir gerade bei den Preisen sind, noch weitaus günstiger ist natürlich die Tiefkühlware zu erstehen. Und auch hier sollte man möglichst Scampi aus Schottland wählen, im Idealfall im Ganzen gefroren. Vorsicht vor zu langem Kochen, am besten gart man die zuvor an- oder aufgetauten Scampi einfach nur über Wasserdampf, der aus einer mit Wein und Kräutern bereiteten Würzflüssigkeit aufsteigen sollte.

> *Fälschlich kommen Kaisergranat häufig als Riesengarnelen auf den Markt, ihre äußere Form aber läßt keinen Zweifel über ihre nahe Verwandtschaft zum Hummer zu, ebenso wie der feine Geschmack des zarten Fleisches. Richtig ist hingegen die inzwischen auch bei uns übliche Bezeichnung Scampi. Vorsicht ist auch hier bei Tiefkühlware geboten. Falsche oder sorglose Behandlung macht das Fleisch schwammig und zerstört das Aroma. Ob man große oder kleine Tiere bevorzugt, mag jeder Feinschmecker für sich selbst entscheiden.*

Die deutsche Krabbe – eine Garnele

Hin und wieder kann man im Sommer meist jüngere Badegäste beobachten, wenn sie voller Wonne hinter kleinen »Krebsen« herrennen, die sich in höchster Eile seitlich (manchmal auch geradeaus) aus der Gefahrenzone zu bringen versuchen. Und jedes Kind, das muschelsuchend den Strand abklappert, wird unter seinen Schätzen auch etliche kleine, mehr oder weniger leere runde Panzer einreihen und sie zu Hause seinen Kameraden als »richtige« Krebse vorstellen. Natürlich sind es Krebse, aber Kurzschwanzkrebse, die wissenschaftlich unter dem Oberbegriff *Echte Krabben* (*Brachyura*) zusammengefaßt sind. Diese Krabben sind es nicht, von denen hier die Rede sein soll. Hier geht es um einen schwimmenden Langschwanzkrebs, eine Sandgarnele, die außer Krabbe noch eine Menge anderer, zum Teil recht putziger Namen hat.

Nordseegarnele und Amerikanische Sandgarnele

Sandgarnelen (Crangonidae) tummeln sich keineswegs nur in der Nordsee. Man findet sie praktisch in allen kalten oder gemäßigt kalten Gewässern der nördlichen Halbkugel, rund um die gesamte Küste Europas – von den Schären in Finnland bis hin zum Mittelmeer, aber auch im Nordpazifik und an der Ost- und Westküste von Mittelamerika.

Von wirtschaftlicher Bedeutung sind jedoch nur die *Nordseegarnele* (von der die deutschen Fischer alljährlich rund 16 000 Tonnen fangen) und die *Amerikanische Sandgarnele*, die vorwiegend zwischen San Francisco und Vancouver gefangen und vermarktet wird, für uns also keine Rolle spielt.

Wenden wir uns darum wieder unserer »Krabbe« zu – und ihren vielen Namen. So klein und unscheinbar das Tierchen ist, so groß ist seine Beliebtheit und so umfangreich der Namenkatalog. An der deutschen Nordseeküste ist sie als *Granat* bekannt, früher sprach man auch von *Porre*, in Niedersachsen von *Kraut* (eine Verballhornung von Krabbe) oder *Kroat*. Bewohner der deutschen Ostseeküste nannten sie auf Plattdeutsch *Sanduhl* (Sandeule) oder hochdeutsch *Eule*. In den Niederlanden, wo man Krabben mit der gleichen Begeisterung wie bei uns fängt und genießt, spricht man von *Garnaal* oder *Garnaat*. Die Engländer nennen sie *Grey* oder *Brown shrimps*, die Franzosen, die vor ihren eigenen Küsten nur einen Bruchteil dessen fangen können, was sie mit Wonne verspeisen, sprechen von *Crevette grise*. In Dänemark und in Grönland ist von *Reje* oder *Hestereije* (was soviel wie Pferdekrabbe bedeutet) die Rede. Auch die Norweger gehen mit *Hesteroeke* in eine ähnliche Richtung, während man in Schweden wiederum von *Strandräka* spricht.

»Echte« Ostseekrabben sind übrigens sehr enge Verwandte der Nordseekrabbe, werden aber selten gefangen.

Vor knapp 100 Jahren formulierte der »Große Brockhaus«: »Während die Ostseekrabbe beim Kochen eine schöne rein rote Farbe annimmt, wird der Nordseegranat graurot und ist daher unansehnlicher. Dieser Umstand allein begründet den Preisunterschied. Die Ostseekrabben sind etwa zehnmal teurer; Nordseekrabben kosten aus erster Hand pro Liter 8–10 Pf. Bezüglich ihres Wohlgeschmacks sind beide Formen ganz gleich zu stellen.«

Krabbenfang – wichtiger Faktor für Küstenfischerei

Schon damals also aß das Auge mit und trieb die Optik die Preise hoch. Mit Pfennigbeträgen aber lassen sich heutzutage die Krabbenfänger nicht mehr abspeisen, weder wenn sie an weiterverarbeitende Betriebe noch wenn sie ihre frisch angelandete, schon an Bord gekochte Ware direkt an die schon gespannt im Hafen wartenden Bädergäste verkaufen. Während aber der Großverkauf inzwischen in Kilogramm vonstatten geht, ist beim »Kleinhandel« vom Kutter direkt an den Konsumenten noch ein wenig Romantik mit im Spiel. Da wird nicht großartig gewogen, da wird ein Liter- oder (häufiger) Halblitergefäß tief in die mit gekochten Krabben gefüllte Kiste getaucht, um bis zum Rand gefüllt wieder aufzutauchen. Krabben sind Leichtgewichte, und so faßt ein Litergefäß nur etwa 500 Gramm.

So verkauft sich natürlich nur ein wirtschaftlich unbedeutender Anteil des innerhalb der gesamten Küstenfischerei der deutschen Nordseegebiete sehr wichtigen Gesamtfangs. Denn nicht allein der Krabbenfänger ist von den

Erträgen abhängig, auch die Konservenindustrie, Großhändler, Feinkost- und Fischhändler hoffen auf ansehnliche Anlandungen. Nicht zu vergessen die Krabbenpulerinnen. Es sind keineswegs Fischersfrauen, sondern Hausfrauen, Rentnerinnen oder auch Schüler, die in jedem Krabbenhafen auf Zuteilung warten. Fünf Kilogramm sind normalerweise das abzunehmende Minimum, geschickte Pulerinnen übernehmen aber durchaus 50 Kilogramm und mehr, die sie aber nur dank der Mithilfe fleißiger Familienmitglieder bewältigen können. Denn es muß schnell gearbeitet werden.

Wer je als Binnenländer versucht hat, das leckere Krabbenfleisch aus den just am Kutter erstandenen Garnelen geschickt herauszuklauben, kann sich in etwa ein Bild davon machen, wieviel Übung dazu gehört, damit sein tägliches Brot zu verdienen. Denn Krabbenpulen ist nicht leicht. Wer glaubt, seine im Süden oder im Restaurant bei Riesengarnelen erworbenen Kenntnisse seien ausreichend, kann sich gewaltig täuschen.

Grundkurs im Krabbenpulen

1. Die Krabbe mit Daumen, Zeige- und Mittelfinger der rechten Hand etwa am mittleren Ring des Kopfteils festhalten.

2. Den Schwanzteil mit Daumen, Zeige- und Mittelfinger der linken Hand packen.

3. Die Schalen der beiden Teile nun leicht gegeneinander drehen, bis ein schwaches Knacken zu hören ist.

4. Den Schwanzpanzer – in Norddeutschland sagt man Steertschale – nach hinten abziehen, dabei aber den Kopfteil gut festhalten. Wenn das nicht gleich klappt, kann man

die Steertschale seitlich leicht drücken, dann gleitet das Schwanzfleisch leichter aus der Schale.

5. Das geschälte Schwanzfleisch nur leicht festhalten und mittels einer leichten Drehung den Kopfteil ablösen.

Eine norddeutsche Hausfrau, die nur hin und wieder ihre Lieben mit selbstgepulten Krabben beglückt, schafft 500 Gramm Rohware in etwa 20 Minuten. Siegerinnen der alljährlich ausgetragenen »Deutschen Meisterschaften« im Krabbenpulen bringen dagegen innerhalb von den durch die Regeln festgelegten 20 Minuten, denen eine »Einpulzeit« vorausgegangen ist, gut und gern 350 Gramm auf die Waage, was einem Bruttogewicht von etwa einem Kilogramm entspricht.

Weltmeisterschaftsniveau ist das keineswegs. Da sind die Niederländerinnen mit gut 500 Gramm Nettoprodukt in 20 Minuten unschlagbar. Auch die Herren der Schöpfung haben sich bei dem einen oder anderen Wettbewerb zu profilieren versucht – vergeblich. Vordere Ränge blieben ihnen versagt, ihnen fehlt die Übung und vermutlich auch eine angeborene Geschicklichkeit.

Das (kommerzielle) Krabbenpulen findet nach wie vor in Heimarbeit statt; zwar werden relativ niedrige Löhne gezahlt, aber dennoch ist es ein nicht zu unterschätzender Wirtschaftsfaktor an der Küste. Gefahr droht allerdings von einer Krabbenpulmaschine, die Alwin Kocken aus Spieka-Neufeld bei Bremerhaven, einer der »Großen« im Krabbengeschäft, in jahrelanger Arbeit gebastelt hat und die er 1987 erstmals voll einsetzen konnte. Noch arbeitet die Maschine ausschließlich bei ihm selbst, denn der Preis beträgt etwa 400 000 DM. Doch für Großbetriebe hätte die Maschine unbestreitbare Vorteile: Ihre Schälleistung beträgt 60 Kilogramm Rohware pro Stunde, aus der dann 20 Kilogramm leckerer, gepulter Krabben werden. Außerdem wird die Zeit zwischen der Anlandung und der Lieferung an den Endverbraucher verkürzt, was wiederum der geschmacklichen Qualität zugute kommt.

Die Niederlande – Hauptabnehmer der deutschen Krabbe

Die Konkurrenz der Niederlande beim Krabbenpulen ist nur ein winziger Teilaspekt der großen Rolle, die unser Nachbar für die deutsche Krabbe spielt. In erster Linie ist er der bedeutendste Abnehmer der deutschen Ware, keineswegs zur ungeteilten Freude der einheimischen Fischer. Die Niederländer sind zwar leidenschaftliche Garnaat-Genießer, sie sind aber auch geschickte Händler, die dank jahrzehntelanger Erfahrung über ausgezeichnete Verbindungen zu französischen und belgischen Märkten verfügen, wo gut zwei Drittel aller Nordseekrabben verzehrt werden. Da die niederländischen Fanggebiete sich nicht in dem Maße ausbeuten lassen, daß die Nachfrage befriedigt werden könnte, wird ein großer Teil in Deutschland eingekauft und über den Zwischenhandel weitergegeben, was zu erheblichen Einnahmeverlusten der Deutschen führt.

Versuche, den Zwischenhändler Holland zu umgehen, haben sich bisher als nicht sehr erfolgreich erwiesen. Gründe dafür liegen einmal in den über Jahre oder Jahrzehnte gewachsenen und schwer zu durchbrechenden Beziehungen der Holländer zu ihren französischen und belgischen

Handelspartnern, zum anderen in den besseren Einkaufsmöglichkeiten der niederländischen Händler, die nicht wie unsere relativ kleinen Genossenschaften, Händler oder Konservenfabriken nur von einem einzigen Fanggebiet abhängig sind, sondern über ein weitverzweigtes, jede Bedarfslücke schließendes Netz von Zulieferern an der deutschen wie der niederländischen Küste verfügen.

Es entbehrt nicht einer gewissen Ironie, daß ein Teil des vor Holland gefangenen Granats im Zuge des allgemeinen Handelskarussels die Grenze auch in umgekehrter Richtung überschreitet, sowohl als Frischware, tiefgekühlt oder auch schon zubereitet. Dabei handelt es sich allerdings nur zum Teil um die kleine, schmackhafte Sandgarnele. Den Löwenanteil stellen die Tiefseegarnelen, die tiefere, kältere Wasserschichten bevorzugen. Deutscher Hauptlieferant ist allerdings Dänemark, aber auch Norwegen. Zu erwähnen wären außerdem die Türkei und Indonesien (!), das immerhin etwa soviel wie ein Viertel der Menge liefert, die wir aus Holland beziehen.

Lebensraum und Fangmethoden

Die Sandgarnele liebt den weichen Grund des Wattenmeeres in bis zu 20 Metern Tiefe, auch wenn sie hier ständig wechselnden Temperaturen und unterschiedlich starkem Salzgehalt ausgesetzt ist. Als großer Anpassungskünstler wird sie mit ihren Umweltproblemen hervorragend fertig: Bei Ebbe läßt sie sich durch die Strömung der Priele seewärts ziehen, später treibt die Flut sie wieder ins Wattenmeer zurück. Tagsüber gräbt sie sich meist tief in Sand oder Schlick ein, so daß nur die Augen und das Antennenpaar herausschauen. Nachts geht sie, gut getarnt durch eine dunkle Schutzfarbe, auf Beutefang und Nahrungssuche. Denn sie liebt sowohl tierische wie pflanzliche Kost: Würmer, Schnecken, Kleinkrebse, Muscheln, Algen und Plankton, wobei der Speisezettel je nach jahreszeitlichem Angebot variiert.

Gerade wenn das Krabbenleben nach den kargen Wintermonaten dank reichlichen Nahrungsangebots wieder lebenswert wird, droht die größte Gefahr: Im April oder Mai (je nach Witterung) beginnt die Fangsaison, die bis September oder Oktober dauert und ab August auf dem Höhepunkt ist. Auch im November und manchmal noch im Dezember sind die Krabben vor ihrem größten Räuber nicht ganz sicher, lediglich von Januar bis April ruht der Krabbenfang fast gänzlich.

Der kommerzielle Fang wird mit Kuttern betrieben, die mit jeweils zwei großen, Baumkurren genannten, Schleppnetzen ausgerüstet sind. Sobald der Fang an Bord ist, wird er von Hand vorsortiert. Größere Fische, sofern sie nicht anderweitig verwertbar sind, oder Quallen werden außenbords geworfen. Dann geht es auf die Rüttelmaschine, deren klein- und großmaschige Siebe kleine Krabben, die größeren »Speisekrabben« und den – Gammel genannten – nicht verwendbaren Beifang sortieren. Der Beifang wird zurück ins Meer geworfen, die kleinen Krabben werden später gedarrt und zu Viehfutter oder Düngemittel verarbeitet. Nun wandern die Krabben in die Kessel, in denen gesalzenes Meerwasser brodelt. Erst jetzt wird ihr Panzer rot und ihr Körper bekommt die charakteristische Krümmung. In kleinerem Umfang wird übrigens auch noch mit den seit altersher üblichen Geräten gefischt, nämlich mit Körben und den rechenartigen Pfahl- oder Schiebehamen.

Mit Nachwuchssorgen, sprich Überfischung, ist zur Zeit noch nicht zu rechnen: Die Krabbenweibchen sorgen eifrig für Nachkommen. Zwei- bis dreimal jährlich legt ein Weibchen zwischen 2000 und 14000 Eier, die es ein bis zwei Monate lang, unter dem Hinterleib angeheftet, mit sich herumträgt. Später leben die Larven bis zu einer Länge von 10 Millimetern freischwimmend und sind dann natürlich leichte Beute für gefräßige Meeresbewohner. Wenn aber alles gutgeht und sie nicht frühzeitig in einem Netz landet, kann eine Krabbe drei bis vier Jahre alt werden. Krabben sind übrigens Zwitter. Im ersten und zweiten Lebensjahr sind sie männlichen Geschlechts, erst dann reifen die weiblichen Keimzellen.

> *Granat, die deutschen Nordseekrabben, sind ein wichtiger Faktor der heimischen Küstenfischerei. Die leckeren kleinen Kurzschwanzkrebse sind so empfindlich, daß leider nur ein geringer Teil als Frischware in den Handel kommt. Große Mengen gehen in die Niederlande, wo sie teils frisch oder tiefgekühlt, teils als Konserve vermarktet werden und nicht selten die Grenze wieder in umgekehrter Richtung überschreiten.*

Der Flußkrebs

Um Krebse und Krebszucht rankten sich in früheren Jahren sehr merkwürdige Geschichten, aus denen allerdings deren schon damals weitverbreitete Hochschätzung bei Feinschmeckern abgeleitet werden kann.

So machte z.B. vor rund 150 Jahren der Baron Eugen von Vaerst in seinem berühmten Werk »Gastrosophie oder Lehre von den Freuden der Tafel« doch recht ungewöhnliche Mast- und Geschmacksverbesserungsvorschläge: Damit die Krebse auch recht fett würden, sollte man sie mit in süßer Milch eingeweichten Semmeln füttern. Allerdings könnten sie durch das Sauerwerden der Milch leiden, »... und es ist nicht gut, sie durch Wasser zu reinigen. Man treibe sie lieber des Morgens und Abends auf eine feuchte, möglichst tauige Wiese, bis sie sich gereinigt haben. Ein Knabe mit einer Rute hält sie leicht zusammen ... Nach einer solchen Weide werden sie sehr munter und bekommen nach acht Tagen solcher Behandlung das vortrefflichste Fleisch.«

Eine aufwendige Methode, die nicht nur aus Ermangelung von mit Ruten bewaffneten Knaben heutzutage wohl kaum noch Liebhaber finden dürfte!

Die wichtigsten Flußkrebsarten

Man nimmt an, daß sich rund 300 Krebsarten auf der Erde tummeln, wovon allein in Nordamerika etwa 250 Arten (nebst Unterarten) heimisch sind. Die südliche Halbkugel ist deutlich unterbesetzt. In Asien und Afrika kamen Flußkrebse ursprünglich gar nicht vor. Dort tummeln sich vorwiegend Süßwasserkrabben.

Die Flußkrebsfamilie *Astacidea* ist ausschließlich auf die nördliche Halbkugel beschränkt. Auf der Südhalbkugel leben in entsprechenden Süßwassergebieten von Südamerika und Madagaskar die *Parastaciden*.

Australien ist die Heimat der *Austroastaciden*. Dieser Kontinent erfreut sich der größten Süßwasserkrebse, die wir kennen. In den Flüssen Tasmaniens und auch im Osten Australiens ist der *Tasmanische Krebs* (*astacopsis gouldi*), engl. *Murray lobster*, ein wahres Krebsmonster, zu Hause. Er ist die absolute Nr. 1 und kann bis zu 6 Kilogramm auf die Waage bringen. Ebenfalls in Tasmanien, aber auch in Victoria, New South Wales und Queensland gibt es den zweitgrößten Austroastaciden, den *Großen Australkrebs* (*euastacus armatus*), engl. *Murray river creyfish*, der gut und gerne mit Scheren 50 Zentimeter lang werden kann. Auch die Nr. 3 in der Größen-Weltrangliste kommt aus Australien: Der *Australkrebs* (*cherax tenuimanus*), engl. *marron*, bringt es im Durchschnitt auf 2 Kilogramm, in Ausnahmefällen sogar bis zu 2,7 Kilogramm. Er wird vorwiegend im Südwesten des Inselkontinents gefangen. Der Europäer wird diese »Giganten«, die selbst den Australiern zum Teil durch strenge Schutzbestimmungen nur sehr begrenzt zur Verfügung stehen, allenfalls bei Besuchen des

Fünften Kontinents kennenlernen können. Der Australkrebs wird allerdings auch seit Mitte der 70er Jahre in Aquakulturen gezüchtet, um sowohl den Eigenbedarf zu decken als auch dem wachsenden Interesse in den USA und in Europa entgegenzukommen.

Steckbrief des Flußkrebses

Krebse leben in Teichen, Tümpeln, Seen, in langsam fließenden, buschbestandenen Flüssen oder Bächen aber auch in Sumpfgebieten. Voraussetzung ist, daß das Wasser sauber ist und nur wenig Schlamm, vor allem keinen Faulschlamm, enthält. Dem natürlichen Schutzbedürfnis aller Krebse kommen Wurzelstöcke, Steine und Wasserpflanzen sehr entgegen, unter denen sie sich tagsüber und während der Häutungsphasen verstecken können. Zur Not krabbeln sie aber auch unter Muschelschalen, kleine Steine oder frei herumliegende Gegenstände. Aber eben nur im Notfall, lieber noch bohren sich einige Arten Höhlen in lehmige, nicht zu harte Uferböschungen. Dabei wird der muskulöse Schwanz, nicht die Scheren, mit seinen schaufelartigen Flossen als Grabwerkzeug eingesetzt.

Auf gezielte Futtersuche gehen die meisten Flußkrebsarten nur am Abend und in der Nacht. Dann schreitet der Krebs mit erhobenen Scheren auf seinen vier Gehfußpaaren vorwärts, rückwärts nur bei Gefahr. Schwimmend kann er sich allerdings nur rückwärts fortbewegen, indem er seinen Hinterleib ruckartig einschlägt. Dann legt er die Beine dicht an den Körper an und benutzt die ausgestreckten Scheren als Steuer.

Die Speisekarte für Flußkrebse ist umfangreich: Flohkrebse, Würmer, Insekten und Insektenlarven, kleine Schnecken, Muscheln aber selbst Fische und Frösche sind vor ihnen nicht sicher. Pflanzliche Kost ist ebenfalls sehr beliebt. Wasserpest, Laichkräuter, Wasserkresse und Algen stehen allerdings bei jüngeren Krebschen höher im Kurs als bei älteren, die sich mehr für tierische Nahrung begeistern.

Fast alle Krebse betreiben liebevolle Brutpflege. Bis zum Schlüpfen trägt das Weibchen seine Eier unter dem Hinterleib. Auch anschließend halten sich die Jungkrebse noch solange unter dem mütterlichen Hinterleib auf, bis ihr Dottervorrat im Vorderkörper verbraucht ist.

Flußkrebse in deutschen Gewässern

In deutschen Gewässern bemüht man sich um Erhalt und Aufzucht von drei Arten von Flußkrebsen:
▷ *Edelkrebs (astacus astacus)*
▷ *Steinkrebs (potamobius torrentium)*
▷ *Amerikanischer Flußkrebs (orconectes limosus)*, auch *Kamberkrebs* genannt.

Für 1 Kilogramm Flußkrebse muß der Endverbraucher heute rund 80 DM zahlen.

Erwähnt werden muß außerdem noch der *Signalkrebs* (*pacifastacus leniusculus*), der, ursprünglich aus Kalifornien stammend, heute im Westteil des nordamerikanischen Kontinents Seen, Bäche, Niederungsflüsse und sogar Brackwasserregionen bewohnt. In den 60er Jahren begann man erstmals in Schweden Signalkrebse auszusetzen, um die

Verluste der Edelkrebse auszugleichen. Auch in Deutschland werden Besatz- und Zuchtversuche unternommen.

Von den oben erwähnten in Deutschland vorkommenden Flußkrebsarten können wir den *Steinkrebs* für weitere Betrachtungen ausklammern. Sein Lebensraum beschränkt sich auf kleinere klare, fließende Gewässer und Gebirgsseen mit steinigem und sandigen Boden in Hessen, Baden-Württemberg und dem Alpenvorland. (Es gibt ihn auch in der Nord- und Ostschweiz, in Österreich und auf dem Balkan.) Der Steinkrebs steht bei uns unter Naturschutz und hat außerdem wegen geringer Größe von kaum mehr als 7 oder 8 Zentimetern in wirtschaftlicher Hinsicht keine Bedeutung.

Der Edelkrebs

Bei uns gibt es den Edelkrebs in nennenswerten Mengen nur noch (oder wieder) in Bayern. Aus allen anderen Gewässern Mitteleuropas und Skandinaviens, wo er sich noch vor gut 100 Jahren in fast unvorstellbaren Mengen tummelte, ist er weitgehend verschwunden. Von anderen Flußkrebsen unserer Breiten unterscheidet er sich äußerlich durch seine mächtigen Scheren. Er hat einen breiten Brustpanzer und ein fast ebenso langes Schwanzstück. Seine Oberseite präsentiert sich in olivgrüner bis grauschwarzer, manchmal auch bräunlicher Färbung, während die Unterseiten der Scheren rötlich gefärbt sind. Die Weibchen werden 12 bis 13 Zentimeter lang und wiegen dann zwischen 80 und 85 Gramm, ganz selten sogar bis zu 100 Gramm. Ein ausgewachsenes Männchen kann bis zu 150 Gramm Gewicht auf die Waage bringen, dann ist es etwa

16 Zentimeter lang und kann – so wird vermutet – das stolze Alter von 15 Jahren erreicht haben.

Amerikanischer Flußkrebs oder *Kamberkrebs*

Schon vor fast 100 Jahren siedelte der seinerzeit berühmte Züchter Max von dem Borne den bis heute als krebspestimmun geltenden *Kamberkrebs* (oder *Cambarus*) in seinen nördlich von Frankfurt an der Oder gelegenen, durch die Krebspest verwaisten Teichen ein. Er hatte 100 Tiere aus Pennsylvanien bezogen. Da die Teiche eine Verbindung zu einem Odernebenfluß hatten, konnte der Kamberkrebs sich im Lauf der Zeit über Oder, Spree und Havel nach Westen ausbreiten.

Später erreichte der Krebs, teils in unermüdlicher Wanderschaft, teils durch Besatzung, westdeutsche Flüsse bis hin zum Oberlauf von Rhein und Mosel. Polnische Fischereibehörden sorgten für eine Verbreitung im Osten. Im Westen wurde er auch in Frankreich angesiedelt. Im Lac d'Annercy, einem Gebirgssee 60 Kilometer südlich des Genfer Sees, zog eine größere Anzahl Kamberkrebse das ungewisse Leben in Freiheit dem Ende im Kochtopf vor, entwich aus der Hälterung eines Hotels und begann den See und dessen Zufluß so erfolgreich zu besiedeln, daß die Bestände inzwischen als recht bedeutend anzusehen sind. Die Franzosen schätzen den Kamberkrebs so sehr, daß sie ihn zur Bedarfsdeckung importieren müssen, zum großen Teil aus Polen.

Bei uns ist er nicht ganz so begehrt, denn mit einer Größe von 7 bis 10 Zentimetern ist er dem Edelkrebs deutlich unterlegen, seine etwas verkümmert wirkenden

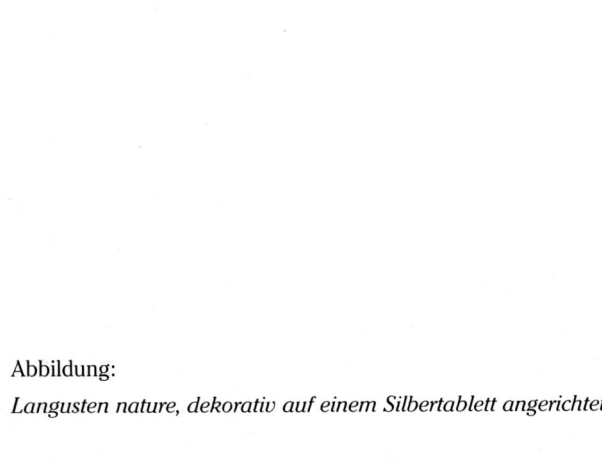

Abbildung:
Langusten nature, dekorativ auf einem Silbertablett angerichtet

Scheren enthalten wenig Fleisch, so daß meist nur das Schwanzfleisch gegessen wird. Auch die Fleischqualität hält einen Vergleich mit dem Edelkrebs nicht stand, allerdings kann der Geschmack durch Hälterung in klarem Wasser sehr verbessert werden. Für den Züchter ist dieser Krebs aber insofern interessant, als er besonders fruchtbar ist und sich, im Gegensatz zu anderen Flußkrebsen, schon im zweiten, nicht erst im dritten Lebensjahr fortpflanzt.

Der Signalkrebs

In Amerika nennt man ihn häufig *king crawfish*, was auf seine gute Fleischqualität hinweist, die in der Tat der unseres Edelkrebses sehr nahe kommt. Auch im Körperbau ist der Signalkrebs dem Edelkrebs ähnlich, er hat ebenfalls breite, fleischige Scheren, allerdings einen etwas breiteren Schwanz. Im Wuchs kann er den Edelkrebs übertreffen. Kein Wunder, daß man ihn für die ideale Alternative zum Edelkrebs hielt – solange man (fälschlicherweise) an seine Resistenz gegen den Krebspesterreger glaubte. Der Signalkrebs scheint weniger streßgefährdet zu sein, er reagiert weniger empfindlich gegen Wasserverschmutzungen durch chemische Spritz- und Düngemittel, erhöhte Wassertemperaturen, niedrigen Sauerstoffgehalt des Wassers und bei Trockentransport.

Der Galizierkrebs

Der *Galizierkrebs* (*astacus leptodactylus*), auch *Teich-* oder *Sumpfkrebs* genannt, ist der in ganz Europa am meisten verzehrte Flußkrebs. Seine Hauptvorkommen liegen in

Osteuropa, im europäischen und mittelasiatischen Teil der Sowjetunion bis hin zum Ural und in Vorder- und Mittelasien bis zum Kaspischen Meer. Rein äußerlich unterscheidet er sich vom Edelkrebs durch eine grauolivgrün gefleckte Färbung des Panzers, die Unterseite ist weiß mit einem rötlichen Schimmer. Die Scheren sind auffallend langgestreckt, aber schmal und fleischarm.

Der Galizier geht, wie der Kamberkrebs, auch tagsüber auf Nahrungssuche, er gilt als »temperamentvoll« und ist fruchtbarer als der Edelkrebs, wenn auch in dieser Beziehung nicht ganz so erfolgreich wie der Cambarus. Ein 15 Zentimeter großes Weibchen kann unter seinen großen, blattartigen Schwimmfüßen bis zu 400 Eier tragen, die allerdings kleiner als bei anderen Arten sind. Sowohl in Deutschland wie auch in Skandinavien hat man eine Zeitlang versucht, die Lücken im Edelkrebsbestand durch den Galizier zu füllen, zum einen galt er als immun gegen die Krebspest, zum anderen kann er, günstige Lebensbedingungen vorausgesetzt, ausgewachsen den Edelkrebs an Größe übertreffen. Bedenken gab und gibt es allerdings hinsichtlich des schnelleren Wachstums und der größeren Fruchtbarkeit: Dringen Galizier oder Kamberkrebs in die Wohngebiete der Edelkrebse ein, ist zu erwarten, daß ihre rasch zunehmende Population zur Verdrängung der Edelkrebse führt. Inzwischen ist auch beim Galizier der Traum von der Krebspestresistenz ausgeträumt, und eine Besatzung deutscher Gewässer ist verboten!

Dennoch ist er als Importware, in erster Linie aus der Türkei, der am häufigsten verzehrte Flußkrebs in Europa. Leider werden die auf dem Markt auftauchenden Exemplare immer kleiner, was auch alljährlich neu festgesetzte strenge Schonfristen nicht verhindern können. Im Durchschnitt liegt sein Gewicht heute bei 60 Gramm, während es noch vor 20 Jahren bei über 80 bis 100 Gramm lag. Beim Kochen rötet er sich übrigens nur zaghaft, die schöne leuchtendrote Farbe des Edelkrebses bleibt ihm versagt.

Exkurs: Die Wollhandkrabbe

Die *Wollhandkrabbe* (*eriocheir sinensis*) kommt – wie ihr lateinischer Name andeutet – ursprünglich aus China, wo sie als Leckerbissen geschätzt ist. Anfang des 20. Jahrhunderts wurde die Süßwasserkrabbe erstmals an deutschen Nordseehäfen gesichtet. Hierzulande waren bis vor etwa 10 Jahren in erster Linie Chinarestaurants die Abnehmer der Krabbe. Inzwischen ist die Wollhandkrabbe aber von unseren Märkten fast ganz verschwunden – denn von den Fischern wird sie eher bekämpft als gefördert. Sie gilt als ein großer Fischereischädling, der gerne in Reusen eindringt und die Fischköder frißt oder gar gefangene Fische angreift. Eine weitere Unart ist, daß sie Uferböschungen, Deiche und Dämme durch das Graben langer Wohngänge durchpflügt, in denen sie sich tagsüber aufhält. Dennoch ist sie ein ungewöhnlich interessantes Tier unserer Gewässer. Und wer das Glück hat, sie an der Küste einmal von einem – vermutlich zwar verärgerten – Fischer zu erstehen, sollte sie zum eigenen Vergnügen dem Kochtopf übereignen.

Ihren Namen hat die Krabbe von den dick bepelzten Scheren der Männchen. Sie gehört zu den wenigen Arten, die unbeschadet zwischen Süß-, Salz- und Brackwasser wechseln können, weil ihr Körper die Eigenschaft besitzt, den Salzgehalt des Blutes gewissermaßen auszugleichen – unabhängig von dem sie umgebenden Wasser.

> *Einstmals waren die Deutschen eine Nation der Flußkrebsfans, bis die Krebspest vor rund 100 Jahren der Idylle ein Ende machte. Bis heute kann man dem Erreger nicht wirkungsvoll begegnen. Für den Gourmet bedeutet das, weitgehend auf den feinsten aller Flußkrebse, den Edelkrebs, verzichten zu müssen. Seinen Platz auf den Speisekarten nimmt in erster Linie der Galizier ein, der vor allem aus der Türkei importiert wird. Trotz relativ strenger Schutzbestimmungen in den meisten Fangländern stehen kommerzielle Interessen im Vordergrund; zu »magere« Tiere sind die traurige Folge.*

Krustentiere außereuropäischer Länder

Vor nicht allzu langer Zeit gab es noch eine Reihe außereuropäischer Länder, in denen Krustentiere in Hülle und Fülle gefangen wurden und auch für die ärmeren Bevölkerungsschichten als selbstverständlicher, wenn auch besonderer Bestandteil ihres Speisezettels zur Verfügung standen – bis eine steigende Nachfrage es den Fischern opportuner erscheinen ließ, ihre Fänge zu verkaufen und mehr zu fangen, als es das ökologische Gleichgewicht ihrer Gewässer vertragen konnte. Daher gibt es heute fast überall mehr oder weniger strenge Bestimmungen, die der Überfischung Einhalt gebieten sollen und gleichzeitig zu einer Preiserhöhung führen. Nur wenige dieser Delikatessen kommen bei uns – und auch dann meist nur gefrostet – in den Handel.

Langostinos und Chilekrabben

Ausschließlich geschält und tiefgefroren kommen bei uns die *Langostinos* in den Handel, leider manchmal auch unter der beliebten aber falschen Bezeichnung »Scampi«.

Langostinos und die mit ihnen ganz eng verwandten und zum Verwechseln ähnlichen *Chilekrabben* gehören in die Familie der Furchenkrebse, deren Charakteristikum ein relativ breiter, gedrungener, meist an der Oberfläche von Querrillen überzogener Brustpanzer ist, der seitlich in scharfe Ränder ausläuft. Außerdem besteht das vordere Beinpaar aus ungewöhnlich langen, in je einer dünnen Schere auslaufenden Gliedern, die kulinarisch völlig uninteressant sind. Das Verhältnis 1:10 – verwertbarer Fleischanteil zur Körpergröße – ist denkbar ungünstig, das Fleisch aber so schmackhaft, daß hierzulande Preise um die 60 DM pro Kilogramm durchaus akzeptiert werden.

Langostino oder Chilekrabbe, die auf Spanisch *langostino amarillo* (gelb) oder *langostino colorado* (farbig, rot) heißen, leben ausschließlich im Südostpazifik und hauptsächlich vor der chilenischen Küste.

Als eigenständige Hauptmahlzeit sollte man das aufgetaute Schwanzfleisch in einer Kräuter-Rahm-Sauce mit Reis oder ganz feinen Nudeln als Beilage servieren. Kräuter, die den zart-würzigen Geschmack der Langostinos unterstreichen und nicht überdecken, sind: Dill, Kerbel und glatte (!) Petersilie. Es schadet aber nicht, wenn der Sauce auch ein wenig in Butter gedünstete Schalotten beigegeben werden.

Königskrabbe

Neben den Langostinos ist Chile auch Lieferant von *king crab meat*, das uns leider ebenfalls nur tiefgekühlt oder als Dosenware erreicht. Alaska, Japan und die Sowjetunion sind ebenfalls lebhaft an diesem Handel beteiligt.

Die *Königskrabbe* (auch *Japankrabbe, Kamtschadtkakrebs, Kronenkrebs* oder fälschlich *Königshummer* und engl. *king crab, Japanese crab, Alaska king crab, Russian crab* oder *Alaska deep see crab* genannt) gehört ebenso wie ihre wichtigen Schwestern, die *Antarktische Königskrabbe* (engl.: *southern king crab*) und die *Nördliche Steinkrabbe* (engl.: *northern stone crab*), in die Familie der *Steinkrabben* (*Lithodedae*), die alle nur in kalten Gewässern leben und ungewöhnlich groß werden können; die durchschnittliche Panzerlänge beträgt über 20 Zentimeter.

Zoologisch korrekt sind sie allerdings keine Krabben, sondern Krebse. Ihrer großen Ähnlichkeit wegen werden sie daher auch als »Scheinkrabben« bezeichnet. Die Königskrabbe, die sowohl ihrer Größe wegen (sie kann 3 Kilogramm und mehr auf die Waage bringen) als auch wegen ihres besonders feinen Geschmacks sehr begehrt ist, lebt im Nordatlantik und in der Beringsee. Die Antarktische Königskrabbe ist sozusagen ihr südliches Pendant, das vor Chile und Argentinien und in der Antarktis gefangen wird.

Die Nördliche Steinkrabbe wird vorwiegend im Nord- und Ostatlantik gefangen, hin und wieder auch in der Nordsee. Obwohl auch sie verhältnismäßig groß werden kann, ist der eßbare Fleischanteil relativ gering, so daß sie wirtschaftlich keine große Rolle spielt. Ähnlich wie bei Hummer und Languste ist praktisch alles Fleisch der Steinkrabben eßbar, am edelsten ist aber das Beinfleisch.

In den Fanggebieten, vor allem in Japan, Alaska und Chile, werden hin und wieder die ganzen Tiere gekocht, in den Export gehen sie nur selten, meist werden nur die Beine ganz oder gespalten vorgekocht und tiefgefroren.

Chile verarbeitet den größten Teil seiner Erträge zu Konserven. Der Transport lebender Tiere über größere Entfernungen ist bisher nicht möglich.

Um den wahrhaft königlichen, leicht nußartigen Geschmack voll und ganz auskosten zu können, sollte man auf allen Schnickschnack bei der Zubereitung verzichten. Das Fleisch leicht erwärmen und mit zerlassener Butter übergießen oder in eine delikate Buttersauce oder in eine Sauce auf Mayonnaisebasis tunken. Keinesfalls sollte sie so pikant sein, daß sie den Krebsgeschmack überdeckt.

Schneekrabbe oder *Nordische Eismeerkrabbe*

Zu den wenigen *Echten Krabben* (*Brachyura*), die aus Übersee zu uns nach Europa gelangen, gehört die *Schneekrabbe* oder *Nordische Eismeerkrabbe* (engl.: *snow crab* oder *queen crab*). Sie lebt im Nordpazifik, vorzugsweise vor Alaska, in der Beringsee und nördlich der Beringstraße. Teilweise findet man sie auch in den atlantischen Küstengewässern Kanadas. Japan, nach der Überfischung und Verschmutzung angestammter Fanggebiete seit Jahrzehnten auf der Suche nach neuen Fischgründen und – damit verbunden – neuen Produkten, hat die Schneekrabbe schon lange für sich entdeckt. In den USA verhielt man sich zurückhaltender, obwohl Japan Schneekrabben in die Vereinigten Staaten exportierte. Erst als der Fang der Königskrabbe aus Gründen der Arterhaltung stark reduziert werden mußte, gewann die Schneekrabbe an wirtschaftlicher Bedeutung.

Uns erreichen allerdings nur die gekochten, frisch

schockgefrosteten Scheren. Meist wird dabei die Schale schon zur Hälfte entfernt.

Die Schneekrabbe gehört in die Gruppe der *Seespinnen*, zu denen Europa kulinarisch gesehen nur einen Beitrag leisten kann: Die *Große Seespinne* oder *Teufelskrabbe*, die in tieferen Gewässern vor der Südküste Englands sowie entlang der gesamten Atlantikküste Europas bis ins Mittelmeer zu finden ist. Feinschmecker wissen sie zu schätzen, werden sie aber fast ausschließlich in Frankreich (als *araignée* oder *araignée de mer*) vorgesetzt bekommen.

Taschenkrebs

Während eine Vermarktung der Großen Seespinne derzeit nicht zur Debatte steht, sieht dies bei dem ebenfalls zu den Brachyuren gehörenden *Taschenkrebs* (lat.: *cancer pagurus*) ganz anders aus. Er tummelt sich mit etwa 20 Arten seiner Gattung von den Lofoten bis nach Marokko in allen kalten und gemäßigten Küstengewässern. Auch in der Nordsee ist er kein Unbekannter, gelegentlich geht er auch im Mittelmeer bis in die Adria in die Netze, nämlich der Garnelenfischer. Meist aber fängt man ihn in Hummerkörben, in die er mit frischem Fischfleisch gelockt wird. Sein an der Oberseite einer großen Jagdtasche ähnelnder Panzer ist vorn und an den Seiten zahnartig eingekerbt. Der hintere Teil ist beim Weibchen breit und rundlich, beim Männchen schmal und spitzer.

Taschenkrebse sind im Vergleich zu dem ruppigen Hummer fast zärtliche Liebhaber. Steht die Häutungsphase bevor, sucht sich das Männchen eine Partnerin, die er dann allerdings bis zu ihrer Häutung mit seinen Laufbeinen unerbittlich umklammert hält, unter Umständen acht Tage lang. Dann aber ist er ihr bei der Häutung behilflich, um sich kurz danach mit ihr zu paaren. Auch danach hält er sie noch einige Tage lang (liebevoll?) »umfangen«. Sie hingegen kann das Sperma über einen Zeitraum von 2 bis 3 Jahren »speichern« und sich dabei sogar von einem neuen Liebhaber zusätzlich befruchten lassen.

Erst im Alter von 5 bis 6 Jahren werden die grundsätzlich nur im Sommer schlüpfenden und sehr langsam wachsenden »Jungkrebse« ihrerseits wieder zeugungsfähig. Um sie zu schützen, wurden in vielen Ländern Schonzeiten und für den Fang Mindestmaße eingeführt. In Deutschland hat, auch an der Küste, der Taschenkrebs keinerlei kommerzielle Bedeutung, allenfalls wird er als Nebenprodukt betrachtet. Anders dagegen in England und ganz besonders in den Atlantikregionen Frankreichs.

Ein »ausgewachsener« Taschenkrebs hat eine durchschnittliche Panzerbreite von 20 Zentimetern, er kann unter günstigen Bedingungen bis zu 30 Zentimeter groß und dann über 4 Kilogramm schwer werden. Wie bei allen Krebsen ist außer dem Magensack und den Eingeweiden das gesamte Fleisch genießbar.

Taschenkrebse kann man ebenso wie Hummer und Languste lebendfrisch kaufen und sie dann wie diese töten. Bequemer aber ist es, den Krebs bei einem vertrauenswürdigen Händler frisch gekocht zu erwerben. Einmal, um sich selber die etwas mühevolle und zarte Gemüter belastende Prozedur zu ersparen, zum anderen, um den Krebs durch laienhaftes Verhalten nicht unnötig zu quälen. Auch läßt sich ein gekochter Taschenkrebs leichter auf seine Qualität prüfen. Scheint er im Vergleich Größe zu Gewicht zu leicht, hat er sich vermutlich erst kurz zuvor gehäutet. Das Fleisch, das sich jetzt ausdehnt, um den neuen Panzer zu füllen, dürfte schwammig und weich sein. Gekochte Taschenkrebse dürfen in den Schalen keine Löcher haben. Wenn doch, steht zu vermuten, daß beim Kochen Flüssigkeit eingedrungen ist und das Fleisch verwässert hat.

Wie Hummer und Languste kann der Taschenkrebs auf schlicht-delikate Weise, nur mit Butter übergossen, eventuell mit etwas Zitronensaft beträufelt, serviert werden. Dann richtet man das helle Fleisch aus den Scheren und den Beinen in der oberen Panzerschale, das mehr cremefarbene Panzerfleisch und die Leber in der unteren Schale an.

> *Wer viel und vor allem ins außereuropäische Ausland reist, hat das Glück, Langostino-, Königs- und Schneekrabbe oder eine andere Köstlichkeit an Ort und Stelle zu genießen. Daheimgebliebene müssen sich meist mit Tiefkühlware oder Konserven begnügen. Nur der Taschenkrebs findet sich hin und wieder frisch bei uns ein. Und dann sollte man zugreifen und sich diesen besonderen Genuß gönnen.*

Das Goutieren von Krustentieren – gewußt wie

Dem Gast, der im Restaurat nach Krustentieren verlangt, wird in der Regel das Problem des stilgerechten Freilegens von Hummer- und Langustenfleisch erspart bleiben, beide Delikatessen werden ihm gemeinhin fein zerteilt und mundgerecht dargeboten.

Für einen Krustentierschmaus zuhause ist es schon nützlich, den einen oder anderen Kniff im Umgang mit den wohlschmeckenden Tierchen zu kennen.

Das richtige Besteck

Nicht nur, um der Etikette zu genügen, sondern auch um sich die »Arbeit« zu erleichtern, sollte man für Hummer und Co. ein Spezialbesteck decken, obwohl niemand einen Fauxpas begeht, wenn er zum Beispiel Flußkrebsen oder Kaisergranat mit dem schlichtesten aller Werkzeuge, den Händen, zu Leibe rückt. Welche Gattung auch die Tafel ziert: Ein Fischbesteck ist immer vonnöten, um damit die ausgelösten Fleischstücke zu essen.

Hummer und Languste werden – sofern man sie warm

oder kalt »au naturel« serviert – der Länge nach an der Rückennaht halbiert und von Magen und Darm befreit. Die Beine werden herausgebrochen und als Garnitur um das Tier angerichtet. Auch »Arme« und Glieder der Hummerscheren sollten gelöst werden.

Um das Fleisch aus den »Armen« lösen zu können, benutzt man die schlanke, langzinkige Hummergabel. Sind die Scheren nicht schon vorher aufgeknackt worden, braucht man zusätzlich eine Hummerzange. Das freiliegende Fleisch wird dann mit dem Fischmesser aus der unteren Schalenhälfte abgehoben. Die Beine darf man getrost aussaugen.

Das Fleisch aus dem Körper wird mit dem Fischmesser gelöst. Gleiches gilt auch für die Languste, allerdings ist die Zange in Ermangelung der Scheren nicht notwendig.

Auch für Krebse gibt es ein besonderes Besteck: eine etwas gedrungene zweizinkige Gabel und ein Messer mit einem Loch in der kräftigen Klinge. Man hält den Krebs mit der linken Hand am Brustpanzer und zieht mit der rechten Hand den Schwanz ab. Nun werden die Schwanzringe durch Längsschnitte mit dem Krebsmesser geöffnet und das Fleisch mit der Gabel herausgezogen. Man kann allerdings den Schwanz auch mit einer besonderen Krebszange knacken.

Haben Sie aber diese Sonderausstattung nicht im Haus, möchten aber auf den Krebsgenuß nicht verzichten, können Sie auch mit dem Fischbesteck Ihr Glück versuchen: Den Krebsschwanz mit der Gabel festhalten und mit dem Messer am oberen Schwanzende unter die Ringe fahren und sie abheben. Das Fleisch wird dann mit der Gabel gelöst.

Ebenso werden auch Riesengarnelen oder Kaisergranat aus der Schale gebrochen, sofern sie gegrillt oder sautiert oder nur ihre Schwänze auf dem Teller liegen. Das kann jedoch ein wenig schwierig sein, denn schon eine nur um wenige Sekunden überzogene Garzeit verbindet Fleisch und Panzer mehr oder weniger innig. Bei ganzen Tieren ist es darum einfacher und durchaus gesellschaftsfähig, sie mit den Fingern mundgerecht zuzubereiten. Dabei geht man vor wie beim Krabbenpulen: Mit Daumen, Zeige- und Mittelfinger einer Hand den Kopfteil festhalten, mit den Fingern der anderen die Schwanzenden etwa beim zweiten Panzerring nach dem Kopf umfassen und mit einer leichten Drehung lösen. Den Panzer abziehen und das Fleisch durch eine zweite Drehung vom Kopfteil lösen.

Das richtige Gedeck

Bei Hummer und Languste bildet ein großer, flacher Teller den Mittelpunkt. Er sollte für warme Tiere angewärmt sein. Rechts und links liegt das Fischbesteck, rechts neben dem Messer die Hummergabel, leicht angewinkelt. Falls die Hummerzange benötigt wird, liegt sie neben der Hummergabel. Wichtig ist ein Beiteller für die Schalen und Abfälle – und die Fingerschale, die generell bei jedem Krebsessen mit eingedeckt werden muß!

Krebse werden häufig à la nage, also mit Sud, in einer Terrine serviert. Dazu gehört eine Schöpfkelle, mit der die Leckerbissen auf den Teller geschöpft werden. Der Teller ist umrahmt von Krebsmesser und -gabel, oberhalb davon wird das »Beilegebesteck« plaziert. Für die Schalen ist ein

Suppenteller zu empfehlen. Den Krebsfond genießt man zum Fleisch aus einer kleinen Suppentasse.

Das Servieren der Krustentiere

Hummer und Langusten werden als kalte oder warme Vorspeise oder auch als – meist kostspieliges – Einzelgericht serviert. Krebse werden als warme Vorspeise oder als Hauptgericht gereicht. Für Hummer bzw. Languste gilt die einfache Regel, daß ein Exemplar im allgemeinen für zwei Personen serviert wird. Bei Scampi, Riesengarnelen, Flußkrebsen und ähnlichen Krustentieren rechnet man – je nach Größe – mit einem halben bis einem Dutzend Exemplare pro Person.

Kalter Hummer bzw. kalte Languste können in der Küche oder vor den Augen der Gäste tranchiert werden. In beiden Fällen werden die Delikatessen auf einer speziellen Platte angerichtet. Warmer Hummer bzw. warme Languste können ausgelöst auf Tellern oder Platten serviert werden.

Zubereitung und Beigaben

Bei vorgekochten oder nicht lebendfrischen Krabben, Garnelen oder Shrimps ist das Procedere vergleichsweise einfach: Nur die schmackhafte Zubereitung steht zur Debatte. Was aber geschieht mit lebendfrischem Krustengetier?

Lassen wir zuerst einmal den Gesetzgeber zu Wort kommen. Er hat schon 1936 in einer bis heute gültigen »Verordnung über das Schlachten und Aufbewahren von lebenden

Fischen und anderen kaltblütigen Tieren« ganz genau festgelegt, wie sich der Mensch den Krustentieren gegenüber zu verhalten hat. In Paragraph 2 stellt er (der Gesetzgeber, der in diesem Fall nicht das Justiz-, sondern das Landwirtschaftsministerium ist) fest: »Krebse, Hummer und andere Krustentiere, deren Fleisch zum Genuß für Menschen bestimmt ist, sind in der Weise zu töten, daß sie möglichst einzeln in kochendes Wasser geworfen werden. Es ist verboten, die Tiere in kaltes oder nur angewärmtes Wasser zu legen und alsdann zum Kochen zu bringen. – Das Herausreißen des Darmes bei lebenden Krustentieren ist verboten.«

Vor allem der letzte Satz klingt befremdlich –, obwohl dies in Frankreich beispielsweise noch praktiziert wird. Denn schon seit Jahrhunderten glauben viele Feinschmekker, daß der Darm von Krustentieren beim Kochen einen bitteren Geschmack ans Fleisch abgibt.

In vielen Ländern, insbesonders in Ostasien, ist es dagegen üblich, große Krebse, wie Hummer und Languste, mit einem kurzen, den zum Gehirn führenden Nervenstrang durchtrennenden Nackenstich zu töten und mit einem raschen Längshieb vom Kopf bis zur Schwanzspitze zu spalten. Wer jemals Zeuge dieser blitzschnellen, vom Auge kaum wahrnehmbaren und ausschließlich von ausgesuchten Fachkräften durchgeführten Prozedur war, wird im ersten Moment vielleicht etwas betroffen sein, bei längerer Überlegung diese Methode aber als ausgesprochen »human« einstufen.

Denn so unumstritten ist die Tötung in kochendem Wasser keineswegs. Versuche haben gezeigt, daß alle Krebse, die gekocht wurden, mit heftigen Zuckungen und Reflexen

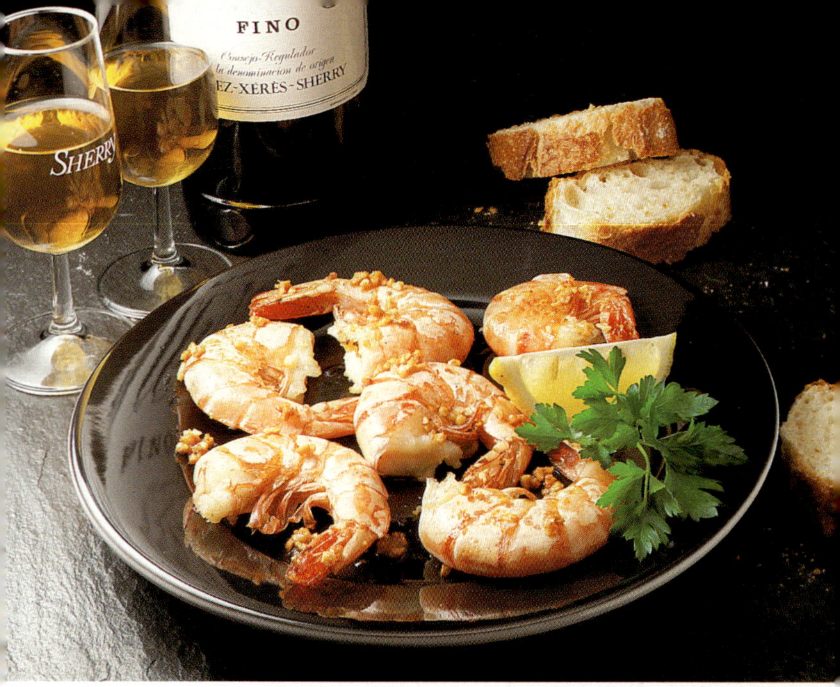
FINO
Consejo-Regulador

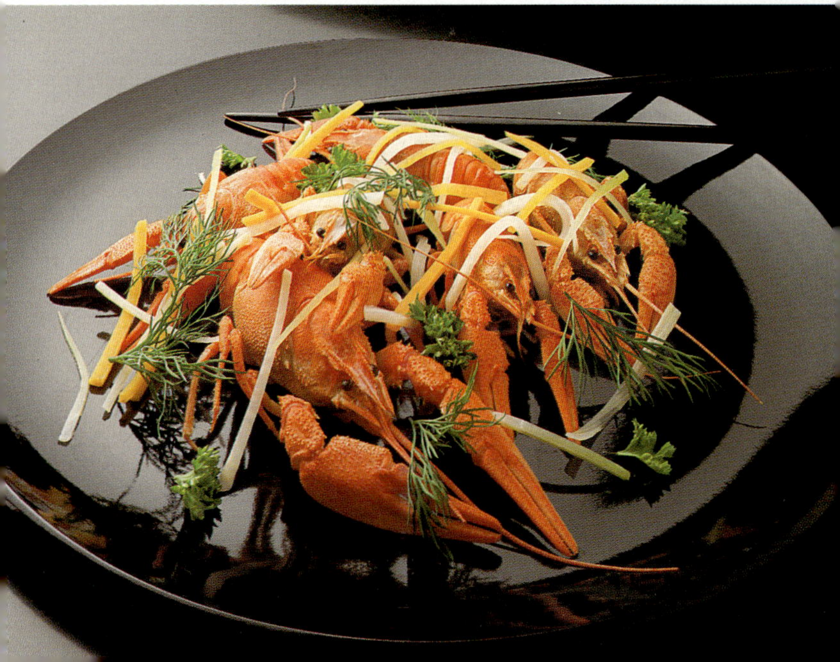

Abbildung oben:

Gegrillte Scampi, serviert mit frischem Baguette und einem trockenen Sherry

Abbildung unten:

Krebse im Gemüsesud

reagieren (so entsteht auch die »typische« Schwanzkrümmung, die man am lebenden Tier nicht beobachtet). Es ist also keineswegs so, daß die Hitze sofort tötet, sie betäubt lediglich; von Exitus kann erst nach etwa einer Minute gesprochen werden.

Unter diesen Gesichtspunkten sollte man vielleicht die nicht nur in Frankreich praktizierte Methode, vor allem Krebse à la bordelaise, d.h. lebend mit einem Mirepoix (einer angedünsteten Mischung von Wurzel- und Knollengemüsen) anzuschwitzen, gänzlich ablehnen.

Bevor Hummer oder Languste in den Kochtopf wandern, müssen sie gründlich saubergebürstet werden. Dann ist es soweit und der für viele Gourmets nicht unproblematische Kochvorgang beginnt. Dabei ist es ganz wichtig, daß das Tier sich für mindestens zwei Minuten unterhalb der Flüssigkeitsoberfläche befindet. Bei der Flüssigkeit kann es sich sowohl nur um kochendes Wasser als auch um eine Court Bouillon oder einen Fischfond handeln. Eine Court Bouillon ist eine im Verhältnis 3:1 aus Wasser und Wein bereitete, mit Zwiebeln, Suppengrün und Suppengewürz (Lorbeerblatt, Nelkenköpfe, Wacholderbeeren und Pfefferkörner) gewürzte Kochbrühe, die man nach einer Kochzeit von etwa 30 Minuten durch ein Sieb oder – noch besser – ein Seihtuch gießt.

Zum Kochen braucht man einen Topf, in dem das (die) Krustentier(e) ausreichend Platz hat (haben). Die Garflüssigkeit muß so hoch darin stehen, daß das Tier gut davon bedeckt ist. Mit dem Kopf voran taucht man das Tier in die kochende Flüssigkeit, und mit Hilfe eines Kochlöffels oder einer Holzzange hält man es anschließend etwa zwei Minuten unter der Oberfläche. Sobald der Sud wieder kocht, wird die Hitzezufuhr gedrosselt, denn das Tier soll nicht gargekocht werden, sondern gar ziehen. Für einen Hummer von 500 Gramm Lebendgewicht beispielsweise rechnet man eine Garzeit von ca. 12 Minuten, für weitere 500 Gramm zusätzlich 10 Minuten und für darüber hinausgehendes Gewicht 5 Minuten pro 500 Gramm. Dann ist das Fleisch durch und durch weiß. Wer eine etwas glasige Konsistenz bevorzugt, läßt das Tier am Anfang nur knapp 10 Minuten garen.

Es würde zu weit führen, alle Zubereitungsarten von Hummern und anderen Krustentieren aufzuzählen und zu beschreiben. Denn die Krustentieren wandern weltweit nicht nur einfach in den Kochtopf, sondern können gegrillt, gratiniert oder auch als Mousse serviert werden. Hier nur einige Namen von weltberühmten Rezepten: Hommard à la Mornay (au gratin), Hommard à la Newburg, Hommard Thermidor, Langouste à la Russe, Langoustines à la Hongroise etc.

Zu kaltgereichten Krustentieren werden oft Saucen auf Mayonnaisebasis sowie Toast- oder hauchdünne Roggenbrotschnitten mit Butter gereicht. Zu warmen Krustentieren gibt man einfach nur zerlassene Butter und Zitronensaft (den allerdings viele Feinschmecker ablehnen), es kann aber auch eine Sauce hollandaise sein.

Abschließend noch ein grundsätzlicher Hinweis zum Einkauf von lebenden Hummern, Langusten, Krebsen oder Krabben: Die Tiere müssen einen munteren, lebhaften Eindruck machen und im Verhältnis zu ihrer Größe schwer wirken. Bewegen sie sich träge und lustlos, haben sie vermutlich etliche Tage ohne Futter im Tank des Händlers verbracht oder sie haben gerade eine Häutung hinter sich und sind noch nicht groß genug, um den neuen Panzer ganz auszufüllen.

Das richtige Essen von Hummern & Co.

Der Hummer ist servierbereit, nun folgt das Tranchieren. Von dem Hummer zunächst die Scheren abtrennen und den Körper halbieren. Dazu die Spitze eines großen, schweren Messers an der Vertiefung zwischen Kopf und Rumpf ansetzen und einen Schnitt bis zur Schwanzspitze führen, dann erst den Kopf durchtrennen. Aus beiden Hälften mit einem Teelöffel Leber und eventuell vorhandenes Corail herausheben und beiseite stellen. Mit einer Messerspitze vorsichtig unter den schwarzen Darmfaden fahren und ihn herauslösen, dabei sollte er möglichst nicht reißen. Die Beine vom Körper abdrehen und entweder zum Auslutschen mit dem übrigen Fleisch anrichten oder (bei größeren Tieren) die Beine öffnen und das Fleisch mit der Hummergabel auslösen.

Die Scheren am größeren Scherenteil festhalten und den kleineren mit einem kräftigen Ruck nach hinten biegen, so daß er mitsamt dem Knorpenblatt abgetrennt wird. Die Scheren mit einer Hummerzange knacken oder durch einen leichten Schlag mit dem Fleischklopfer zerbrechen. So läßt sich das Fleisch leicht herauslösen. Die Gelenkglieder ebenfalls mit der Hummerschere (man kann auch einen Nußknacker nehmen) aufbrechen und das Fleisch herausziehen. Das Schwanzfleisch aus den Schalen lösen und entweder ganz oder in Scheiben geschnitten anrichten und mit dem übrigen Fleisch, Leber und Corail umlegen.

In vielen Restaurants wird die in Amerika übliche Methode angewendet: Scheren- und Beinfleisch wird dabei wie oben beschrieben ausgelöst. Körper und Schwanz werden jedoch nicht halbiert. Man löst die untere, weiche Schale, indem man mit einem schweren Messer mit kurzer Klinge von den Seiten aus darunter fährt und hebt zuerst das Schwanzfleisch, dann die eßbaren Teile des Körpers heraus. Bevor das Schwanzfleisch in Scheiben geschnitten wird, muß auch hier der Darm entfernt werden. Einen geschmacklichen Unterschied zwischen beiden Methoden gibt es nicht.

Langusten werden ebenso zubereitet und zerteilt, wobei die Mühe des Scherenknackens wegfällt. Und auch großen Krebsen oder Krabben rückt man auf diese Weise zu Leibe.

Flußkrebse für Schlemmer

Die im Restaurant meist übliche Anzahl von einem Dutzend Flußkrebse pro Portion sollte das Minimum sein, was man zu Hause dem Gast anbietet. Einfacher ist es, nicht nach der Anzahl, sondern nach Gewicht einzukaufen. Denn Krebse machen unheimlich Lust auf mehr. Wer mit Bedacht, Genuß und recht viel Zeit genießt, kann es durchaus auf 20 Exemplare bringen. Da aber je nach Krebsart Größe und Gewicht sehr unterschiedlich sein können, ist es vorteilhafter, beim Kauf vom Gewicht auszugehen. Pro Person und zu erwartendem Hunger sollte man zwischen 500 und 750 Gramm Krebse rechnen. Auch sie müssen vor dem Kochen gründlich unter fließendem Wasser gebürstet werden, vor allem an der Unterseite. Das ist etwas mühevoll, muß aber sein.

Die schlichteste Art der Zubereitung ist folgende: Für etwa 3 Kilogramm Krebse in einem großen, weiten Topf 3 Liter kräftig gesalzenes Wasser zusammen mit 2 Eßlöffeln Dillsamen, je 1 Teelöffel Anis- und Fenchelsamen und etwas weißem Pfeffer aufkochen. Die Krebse nun einzeln rasch mit dem Kopf zuerst in den Topf geben. Den Topf schließen, die Hitze reduzieren und die Krebse je nach Größe 6 bis 7 Minuten kochen lassen. Oder man kocht sie nur etwa 5 Minuten und läßt sie neben dem Herd im Sud noch weitere 5 Minuten ziehen.

So rustikal, wie sie gekocht wurden, sollte man sie auch genießen. Die Krebse werden in einer großen, tiefen, mit reichlich frischem Dill ausgekleideten Schüssel angerichtet und mit einem Teil des durchgesiebten Suds übergossen. Dann läßt man sie 12 Stunden mit Folie bedeckt an einem kühlen Ort durchziehen. Will man sie allerdings gleich nach dem Kochen servieren, gibt man noch ein bis zwei Bündel frischen Dill in den Sud, damit das Fleisch dessen Aroma und Geschmack annimmt.

Jeder Esser nimmt nun ein Krebschen nach dem anderen von der Platte und bricht zuerst die Scheren ab und trennt den kleinen und großen Scherenteil ähnlich wie beim Hummer durch einen kräftigen Ruck ab. Das offene Ende wird dann in den Mund gesteckt und das Fleisch herausgesaugt.

Mit einem speziellen Krebsmesser, das eine kurze, aber harte Schneide hat, wird der große Scherenteil an der Innenseite geöffnet, so daß auch dieses Fleisch leicht ausgesaugt werden kann. Geräusche braucht man dabei nicht zu vermeiden, sie gehören dazu! Vor allem, wenn bei größeren Exemplaren auch die Flüssigkeit aus den Beinen herausgesaugt wird.

Nun fährt man mit dem Messer unter die Trennlinie zwischen oberem und unterem Panzerteil und löst die obere Hälfte ab. Es ist durchaus gestattet, den Saft aus der Schale zu schlürfen. Anschließend wird der Darmfaden sorgfältig entfernt und das Schwanzfleisch aus der unteren Schale gehoben. Entweder genießt man es pur oder legt es auf ein Stück heißes, mit eiskalter Salzbutter bestrichenes Toastbrot.

Bei einer offiziellen Einladung kann man außer dem Krebsmesser noch die Hummerzange zum Aufbrechen der Scheren und eine Hummergabel zum Auslösen des Scherenfleischs eindecken. Gegessen wird das Fleisch dann zierlich mit der Gabel. In diesem Fall bereitet man für die oben angegebene Krebsmenge einen Sud aus 1½ Litern Wasser und ½ Liter trockenem Weißwein zu, der mit gehackter Schalotte, gewürfeltem Suppengrün, Dill- und Fenchelsamen, einer Spur gemahlenem Anis, etwas Kümmel und reichlich schwarzem Pfeffer gewürzt und mit 150 Gramm fertig gekaufter Krebsbutter verfeinert wird. Die Krebse wie beschrieben garen und – gut abgetropft – lauwarm servieren. Den Sud durchsieben, etwas einkochen lassen und mit Dill bestreut in Suppentassen zu den Krebsen reichen. Er kann zusätzlich noch mit Sahne verfeinert werden.

Entweder trinkt man nun diese Brühe zu den Krebsen oder tunkt das ausgelöste Fleisch hinein. Dazu gibt es frisches Stangenweißbrot, gesalzene Butter und einen trockenen Weißwein.

Krustentiere – und was man dazu trinkt

»Wer einen Hummer ißt und dabei über den Preis spricht, muß es sich gefallen lassen, ein Barbar genannt zu werden...«, soll schon vor 400 Jahren ein französischer Feinschmecker geäußert haben. Also, wer geizig ist, sollte auf den Genuß verzichten, denn der Preis, den man zu zahlen bereit ist, bestimmt nicht nur die Größe des Tieres und die Anzahl der Hummer, die man auf den Tisch bringen möchte, sondern auch das passende Getränk. Und das sollte schon vom Feinsten sein.

Es dürfte sich für einen Feinschmecker von selbst verstehen, daß zu edlen Krustentieren nur erlesenste Kreszenzen serviert werden sollten. Ebenso bedarf es über einen Punkt keinerlei Diskussion: Rotweine harmonieren nicht mit diesem zarten Fleisch und auch keine weißen Süßweine, von einem trockenen Sherry der Sorte Fino oder Manzanilla abgesehen. Diese beiden feinherben Tropfen sind eine geradezu ideale Ergänzung zu Riesengarnelen in rustikaler Zubereitung.

Wer aber seine Krustentiere bei sanftem Kerzenlicht am edel gedeckten Tisch genießt, wird wohl eher einen Chablis, einen feinen weißen Burgunder oder einen Meursault bevorzugen. Selbstverständlich darf es auch ein weißer Chateauneuf-du-Pape oder Hermitage sein. Auch ein weißer Côtes du Rhone ist nicht zu verachten, ebenso wie die trockenen Rieslinggewächse aus heimischen Gefilden, wobei die aus Baden und dem Rheingau an erster Stelle zu nennen wären.

Werden Hummer oder Languste als Vorspeise zu einem edlen Menü gereicht, würdigt man sie stilgerecht mit einem

Champagner brut oder einem trockenen Spitzenprodukt aus deutschen oder spanischen Sektkellereien. Wer jedoch zu einem Krebsessen nach Skandinavischer Art bittet, sollte eisgekühlten Wodka kredenzen. Im hohen Norden gilt die Regel: ein Krebs, ein Schluck Wodka. Das mag uns ein wenig befremdlich erscheinen. Aber üben wir Nachsicht. Denn auch bei Hummer und Co. sollte gelten: Erlaubt ist, was schmeckt!

> *Wer Krustentiere stilgerecht genießen möchte, braucht spezielles Besteck – doch es geht auch ohne. Wichtiger ist die fachgerechte Vorbereitung, bei der hierzulande der Gesetzgeber ein gewichtiges Wort mitzureden hat. Noch wichtiger ist die Zubereitung – und das Getränk, das den Genuß zum Höhepunkt führt. In Feinschmeckerkreisen gibt es »feste« Regeln, die aber jederzeit dem ganz persönlichen Geschmack geopfert werden dürfen!*

Glossar

Anomura: Andere Bezeichnung für Mittelkrebse.
Astacidae: Die ausschließlich auf die nördliche Halbkugel beschränkte Familie der Flußkrebse.
Astacus astacus: Wissenschaftliche Bezeichnung für den Edelkrebs, den feinsten unter den Flußkrebsen.
Astacus leptodactylus: Wissenschaftliche Bezeichnung für den Galizierkrebs, der auch Teich- oder Sumpfkrebs genannt wird. Er ist der in Europa am häufigsten verzehrte Flußkrebs.
Austroastacidae: Familie der in Australien beheimateten Flußkrebse.
Brachyura: Andere Bezeichnung für Kurzschwanzkrebse oder Echte Krabben.
Chromoproteid: Eine im Panzer der Krebse enthaltene Eiweiß-Farbstoff-Verbindung, die die Färbung der Schalen bestimmt.
Crangonidae: Sandgarnelen, zu denen u.a. die für uns so wichtigen »Nordseekrabben« (Granat) gehören.
Crustacea/Crustacen: Wissenschaftliche Bezeichnung für alle Krustentiere.
Decapoden: Zehnfußkrebse, so benannt nach ihren fünf Beinpaaren.
Diantennata: Zweiantennen-Tiere – ein Unterstamm der Gliederfüßler, dessen einzige Klasse die → Crustacea sind.
Garnelenartige Langschwanzkrebse: Eine der beiden Unterordnungen der → Decapoden, die etwa 2000 Arten umfaßt. Dazu gehören alle Garnelen, auch die »Nordseekrabbe«, Shrimps und Prawns.
Granat: Norddeutsche Bezeichnung für die kleinen, vor unseren Küsten vorkommenden Garnelen, die fälschlich auch Krabben oder Nordseekrabben genannt werden.
Hälterung: Ein nicht im Duden erfaßter Begriff für die »Zwischenlage-

rung« lebender Krebstiere in Spezialbecken oder -behältern zwischen Fang und Weitertransport oder beim Importeur bzw. Großhändler vor dem Verkauf an den Einzelhandel.

Homarus americanus: Amerikanischer Hummer.
Homarus vulgaris: Europäischer Hummer.
Hummergarnele: Kommerzielle, aber falsche Bezeichnung für Riesengarnele.
Hummerkrabben: Kommerzielle, aber falsche Bezeichnung für Kaisergranat, Tiefseekrebse, Scampi oder Riesengarnelen.
Hummerkrebs: Kommerzielle, aber falsche Bezeichnung für Riesengarnelen.
Kaisergranat: Ein Tiefseekrebs, der auch unter der Bezeichnung Scampo (plural: Scampi) angeboten wird.
Krill: Garnelenartige, nicht zu den → Decapoden gehörende Leuchtkrebse, die zum Teil in riesigen Mengen vorhanden sind und vor allem den Walen als Nahrung dienen. Fast alle Versuche, Krill für den menschlichen Genuß attraktiv zu machen, sind bisher gescheitert. In Japan und in der UdSSR wird daraus eine Paste bereitet.
Kurzschwanzkrebse oder **Echte Krabben:** Eine der drei Gruppen der → Reptantia.
Langschwänzige Bodenkrebse: Die zweite der drei Gruppen der → Reptantia.
Mittelkrebse: Die dritte der drei Gruppen der → Reptantia.
Nantantia: Bedeutet »die Schwimmenden« und ist die wissenschaftliche Bezeichnung aller Garnelen.
Norwegischer Hummer: Kommerzielle, aber falsche Bezeichnung für Kaisergranat, Tiefseekrebse oder Scampi.
Orconectes limosus: Wissenschaftliche Bezeichnung für den Amerikanischen Flußkrebs oder Kamberkrebs (Cambarus), der vor etwa 100 Jahren durch Besatz in unsere Gewässer kam. Er ist etwas kleiner als der Edelkrebs.
Pacifastus leniusculus: Wissenschaftliche Bezeichnung für den Signalkrebs, mit dem bei uns in einigen Gewässern Besatzversuche gemacht werden, um den Verlust der Edelkrebse auszugleichen.
Palinuridae: Wissenschaftliche Bezeichnung für Langusten.
Pandalidae: Riesengarnelen.
Panzer- oder Ritterkrebse: Die zweite Unterordnung der → Decapoden, die im Gegensatz zu den → Garnelenartigen Langschwanzkrebsen häufig einen abgeflachten Körper und statt des ersten Laufbeinpaares kräftige Scheren haben. Zu ihnen gehören zum Beispiel Hummer, Langusten, Flußkrebse, Scampi und die echten Krabben.

Parastracidae: Familie der auf der Südhalbkugel lebenden Flußkrebse, die sich dort aber vermutlich durch Besatz angesiedelt haben.

Potamobius torrentium: Wissenschaftliche Bezeichnung für den Steinkrebs, der bei uns unter Naturschutz steht und wirtschaftlich nicht von Bedeutung ist.

Prawns: Im englischen Sprachraum gebräuchliche Bezeichnung für – meist – größere Garnelen. Häufig mit Zusatzbezeichnungen, wie »Tiger«, »King« oder »Riesen« versehen, um die Größe anzudeuten.

Reptantia: Das heißt die Kriechenden und ist die wissenschaftliche Bezeichnung der Panzer- oder Ritterkrebse.

Schlanker Hummer: Kommerzielle, aber falsche Bezeichnung für Kaisergranat, Tiefseekrebse oder Scampi.

Shrimps: Kleine Tiefseegarnelenart.

Tiefseehummer: Kommerzielle, aber falsche Bezeichnung für Kaisergranat, Tiefseekrebse oder Scampi.

Wollhandkrabbe: Eine zwischen Süß- und Salzwasser wechselnde »echte« Krabbe, die vermutlich als blinder Passagier auf Frachtern von China auch in unsere Flußmündungen gelangt.

ECON Gourmet Bibliothek

ECON Gourmet Bibliothek